同济博士论丛
TONGJI Dissertation Series

邵敏华 孙立军 著

网络交通评价方法、指标体系及影响因素研究

Research on the Evaluation Method, Indicators and Influencing Factors of the Traffic Service Quality for Urban Road Network

同济大学出版社
TONGJI UNIVERSITY PRESS

内 容 提 要

本书针对目前城市路网服务水平研究中存在的系统研究薄弱、指标类型混杂、阈值多样等问题，从服务水平的概念和通行能力的定义入手，提出了面向城市路网服务水平的评价指标体系，并就其中一些指标给出了影响因素分析方法和分析结果。

本书适合相关专业的研究人员、学生及感兴趣的读者阅读参考使用。

图书在版编目(CIP)数据

网络交通评价方法、指标体系及影响因素研究 / 邵敏华，孙立军著. —上海：同济大学出版社，2018.5

（同济博士论丛 / 伍江总主编）

ISBN 978-7-5608-7830-0

Ⅰ. ①网… Ⅱ. ①邵… ②孙… Ⅲ. ①城市交通网—交通运输管理—研究 Ⅳ. ①U491.1

中国版本图书馆 CIP 数据核字(2018)第 088198 号

网络交通评价方法、指标体系及影响因素研究

邵敏华　孙立军　著

出 品 人　华春荣　　责任编辑　王有文　熊磊丽

责任校对　徐春莲　　封面设计　陈益平

出版发行　同济大学出版社　www.tongjipress.com.cn

（地址：上海市四平路 1239 号　邮编：200092　电话：021-65985622）

经　　销　全国各地新华书店

排版制作　南京展望文化发展有限公司

印　　刷　浙江广育爱多印务有限公司

开　　本　787 mm×1092 mm　1/16

印　　张　12.75

字　　数　255 000

版　　次　2018 年 5 月第 1 版　2018 年 5 月第 1 次印刷

书　　号　ISBN 978-7-5608-7830-0

定　　价　61.00 元

“同济博士论丛”编写领导小组

组　　　长：杨贤金　钟志华

副 组 长：伍　江　江　波

成　　　员：方守恩　蔡达峰　马锦明　姜富明　吴志强
　　　　　　徐建平　吕培明　顾祥林　雷星晖

办公室成员：李　兰　华春荣　段存广　姚建中

总 序

在同济大学110周年华诞之际，喜闻“同济博士论丛”将正式出版发行，倍感欣慰。记得在100周年校庆时，我曾以《百年同济，大学对社会的承诺》为题作了演讲，如今看到付梓的“同济博士论丛”，我想这就是大学对社会承诺的一种体现。这110部学术著作不仅包含了同济大学近10年100多位优秀博士研究生的学术科研成果，也展现了同济大学围绕国家战略开展学科建设、发展自我特色，向建设世界一流大学的目标迈出的坚实步伐。

坐落于东海之滨的同济大学，历经110年历史风云，承古续今、汇聚东西，秉持“与祖国同行、以科教济世”的理念，发扬自强不息、追求卓越的精神，在复兴中华的征程中同舟共济、砥砺前行，谱写了一幅幅辉煌壮美的篇章。创校至今，同济大学培养了数十万工作在祖国各条战线上的人才，包括人们常提到的贝时璋、李国豪、裘法祖、吴孟超等一批著名教授。正是这些专家学者培养了一代又一代的博士研究生，薪火相传，将同济大学的科学研究和学科建设一步步推向高峰。

大学有其社会责任，她的社会责任就是融入国家的创新体系之中，成为国家创新战略的实践者。党的十八大以来，以习近平同志为核心的党中央高度重视科技创新，对实施创新驱动发展战略作出一系列重大决策部署。党的十八届五中全会把创新发展作为五大发展理念之首，强调创新是引领发展的第一动力，要求充分发挥科技创新在全面创新中的引领作用。要把创新驱动发展作为国家的优先战略，以科技创新为核心带动全面创新，以体制机制改革激发创新活力，以高效率的创新体系支撑高水平的创新型国家建设。作为人才培养和科技创新的重要平台，大学是国家创新体系的重要组成部分。同济大学理当围绕国家战略目标的实现，作出更大的贡献。

大学的根本任务是培养人才，同济大学走出了一条特色鲜明的道路。无论是本科教育、研究生教育，还是这些年摸索总结出的导师制、人才培养特区，“卓越人才培养”的做法取得了很好的成绩。聚焦创新驱动转型发展战略，同济大学推进科研管理体系改革和重大科研基地平台建设。以贯穿人才培养全过程的一流创新创业教育助力创新驱动发展战略，实现创新创业教育的全覆盖，培养具有一流创新力、组织力和行动力的卓越人才。“同济博士论丛”的出版不仅是对同济大学人才培养成果的集中展示，更将进一步推动同济大学围绕国家战略开展学科建设、发展自我特色、明确大学定位、培养创新人才。

面对新形势、新任务、新挑战，我们必须增强忧患意识，扎根中国大地，朝着建设世界一流大学的目标，深化改革，勠力前行！

万　钢

2017 年 5 月

论丛前言

承古续今，汇聚东西，百年同济秉持“与祖国同行、以科教济世”的理念，注重人才培养、科学研究、社会服务、文化传承创新和国际合作交流，自强不息，追求卓越。特别是近20年来，同济大学坚持把论文写在祖国的大地上，各学科都培养了一大批博士优秀人才，发表了数以千计的学术研究论文。这些论文不但反映了同济大学培养人才能力和学术研究的水平，而且也促进了学科的发展和国家的建设。多年来，我一直希望能有机会将我们同济大学的优秀博士论文集中整理，分类出版，让更多的读者获得分享。值此同济大学110周年校庆之际，在学校的支持下，“同济博士论丛”得以顺利出版。

“同济博士论丛”的出版组织工作启动于2016年9月，计划在同济大学110周年校庆之际出版110部同济大学的优秀博士论文。我们在数千篇博士论文中，聚焦于2005—2016年十多年间的优秀博士学位论文430余篇，经各院系征询，导师和博士积极响应并同意，遴选出近170篇，涵盖了同济的大部分学科：土木工程、城乡规划学(含建筑、风景园林)、海洋科学、交通运输工程、车辆工程、环境科学与工程、数学、材料工程、测绘科学与工程、机械工程、计算机科学与技术、医学、工程管理、哲学等。作为“同济博士论丛”出版工程的开端，在校庆之际首批集中出版110余部，其余也将陆续出版。

博士学位论文是反映博士研究生培养质量的重要方面。同济大学一直将立德树人作为根本任务，把培养高素质人才摆在首位，认真探索全面提高博士研究生质量的有效途径和机制。因此，“同济博士论丛”的出版集中展示同济大学博士研究生培养与科研成果,体现对同济大学学术文化的传承。

"同济博士论丛"作为重要的科研文献资源,系统、全面、具体地反映了同济大学各学科专业前沿领域的科研成果和发展状况。它的出版是扩大传播同济科研成果和学术影响力的重要途径。博士论文的研究对象中不少是"国家自然科学基金"等科研基金资助的项目,具有明确的创新性和学术性,具有极高的学术价值,对我国的经济、文化、社会发展具有一定的理论和实践指导意义。

"同济博士论丛"的出版,将会调动同济广大科研人员的积极性,促进多学科学术交流、加速人才的发掘和人才的成长,有助于提高同济在国内外的竞争力,为实现同济大学扎根中国大地,建设世界一流大学的目标愿景做好基础性工作。

虽然同济已经发展成为一所特色鲜明、具有国际影响力的综合性、研究型大学,但与世界一流大学之间仍然存在着一定差距。"同济博士论丛"所反映的学术水平需要不断提高,同时在很短的时间内编辑出版 110 余部著作,必然存在一些不足之处,恳请广大学者,特别是有关专家提出批评,为提高同济人才培养质量和同济的学科建设提供宝贵意见。

最后感谢研究生院、出版社以及各院系的协作与支持。希望"同济博士论丛"能持续出版,并借助新媒体以电子书、知识库等多种方式呈现,以期成为展现同济学术成果、服务社会的一个可持续的出版品牌。为继续扎根中国大地,培育卓越英才,建设世界一流大学服务。

伍　江

2017 年 5 月

前言

本书针对目前城市路网服务水平研究中存在的系统研究薄弱、指标类型混杂、阈值多样等问题，从服务水平的概念和通行能力的定义入手，提出了面向城市路网服务水平的评价指标体系，并就其中一些指标给出了影响因素分析方法和分析结果。

作为服务水平评价的基础环节，本书首先分析了已有的城市道路通行能力的定义方法，并针对其中存在的问题，提出了基于试验交通工程学的“等效通行能力”概念和模型。进而研究了其理论基础、现场调查和数据分析方法，给出了模型形式和变量含义，并确定了调查道路长度和分析周期长度等推荐值。

接着书中给出了等效通行能力影响因素分析的方法程序——分析-标定法。在对理想模型中的变量与参数进行理论分析和调查标定的基础上，建立了影响因素理论分析模型。基于这一模型，分析了采用分析-标定法对影响等效通行能力和等效自由流车速的七个影响因素。其中六个为理论分析模型中的参数。采用理论分析法，基于设定的标准条件，回归得到了各因素的修正项公式，并进一步研究了其中主要影响因素间的交互作用，给出了修正值诺模图。对于“非机动车”影响因素，则分析了采用理论分析与现场调查相结合的方法，给出了其影响推荐值。

基于等效通行能力，书中重新阐述了城市路网服务水平概念和评价方法、指标。新的概念从服务水平评价的目的出发，综合考虑人的感知机理和管理人员的决策过程，将其分为设施供给水平和现状交通运行水平两个方面。在新概念指导下，提出了交叉口、道路和网络三个层次的评价指标体系和各指标的计算方法。其中，基于实用性的考虑，面向网络层面提出了已知 OD 情况下的理论指标和未知 OD 情况下的实用指标，研究表明，经过修正后的实用指标与理论指标具有良好的一致性。

基于等效通行能力影响因素分析，路网在路网设计问题中考虑了交叉口间距的影响：针对局部路网，讨论了“新建道路”和“现有干线道路交叉口改造立交”两类路网扩容措施中的合理交叉口间距的确定方法，并给出了简单的算例；针对离散路网设计问题，在已有模型中引入了路网生成算子来考虑交叉口间距的影响，并给出了路网生成算子的算法程序和改进路网设计模型求解的退火遗传算法，同样给出了简单算例。

最后，对进一步的工作方向进行了简要的讨论。

目 录

总序

论丛前言

前言

第 1 章 序言 …… 1

1.1 研究背景与必要性 …… 1

1.2 国内外研究现状 …… 3

1.2.1 各国通行能力手册中的有关研究 …… 3

1.2.2 通行能力手册以外的有关研究 …… 9

1.2.3 总结 …… 16

1.3 研究内容和技术路线 …… 17

1.3.1 研究范围设定 …… 17

1.3.2 研究的主要内容 …… 17

1.3.3 研究的技术路线 …… 18

第 2 章 等效通行能力概念和调查方法 …… 19

2.1 已有道路通行能力研究简述 …… 19

2.1.1 道路通行能力理论研究 …… 19
2.1.2 道路通行能力应用研究 …… 21
2.2 已有研究问题分析 …… 22
2.2.1 已有研究的基本假设 …… 22
2.2.2 关于上述假设的分析 …… 23
2.3 等效通行能力 …… 30
2.3.1 等效通行能力概念 …… 31
2.3.2 等效通行能力的理论基础——间断流下的流-密-速关系 …… 32
2.3.3 等效通行能力的获得 …… 34
2.4 本章小结 …… 40

第3章 等效通行能力影响因素分析方法 …… 42
3.1 影响因素分析方法 …… 42
3.2 影响因素分析理想模型的建立 …… 44
3.2.1 路段行程时间 …… 45
3.2.2 交叉口延误时间 …… 46
3.2.3 总行程时间 …… 50
3.2.4 理想模型的建立 …… 51
3.3 模型参数和变量分析 …… 52
3.3.1 参数分析 …… 52
3.3.2 变量分析——Q …… 58
3.4 理论分析模型的建立 …… 63
3.5 理论分析模型的求解 …… 64
3.6 本章小结 …… 65

第 4 章 等效通行能力和等效自由流车速影响因素分析 …… 67
4.1 基于理论分析的影响因素剥离 …… 67
4.1.1 等效通行能力影响因素分析 …… 68
4.1.2 等效自由流车速影响因素分析 …… 88
4.2 基于理论分析和现场调查的影响因素剥离 …… 96
4.2.1 $\overline{R}$中影响因素剥离的一般方法 …… 96
4.2.2 “非机动车”影响分析 …… 97
4.3 本章小结 …… 99

第 5 章 城市路网服务水平评价指标体系 …… 102
5.1 服务水平研究目的解析 …… 102
5.1.1 交通状况的形成机理 …… 102
5.1.2 出行者对交通状况的感受 …… 103
5.1.3 决策参考 …… 103
5.2 服务水平概念新解 …… 104
5.3 评价指标体系 …… 105
5.3.1 指标选择的基本原则 …… 105
5.3.2 评价指标 …… 106
5.3.3 服务水平评价指标体系 …… 127
5.4 本章小结 …… 128

第 6 章 局部路网合理交叉口间距问题分析 …… 129
6.1 增加道路的合理性判别 …… 129
6.1.1 道路基本条件假设 …… 129
6.1.2 增加道路的影响范围分析 …… 130
6.1.3 增加道路的合理性判别 …… 136

6.2 干线交叉口改建立交后的合理间距 …… 139
6.2.1 合理间距的计算原理 …… 140
6.2.2 合理间距的计算结果示例 …… 143
6.3 本章小结 …… 148

第7章 考虑交叉口间距的离散路网设计问题探讨 …… 150
7.1 离散路网设计问题简述 …… 150
7.1.1 预算约束的DNDP …… 152
7.1.2 无预算约束的DNDP …… 152
7.2 Braess诡异 …… 153
7.2.1 Braess诡异出现条件分析 …… 153
7.2.2 考虑交叉口间距影响的Braess诡异 …… 156
7.3 考虑交叉口间距影响的离散路网设计模型 …… 158
7.3.1 模型设计 …… 159
7.3.2 路网生成算子 …… 160
7.3.3 模型求解 …… 163
7.3.4 算例 …… 166
7.4 本章小结 …… 168

第8章 结论与展望 …… 170
8.1 结论 …… 170
8.2 研究展望 …… 174

参考文献 …… 176

后记 …… 184

第1章 序言

1.1 研究背景与必要性

出行质量是衡量城市生活质量的重要指标之一，而伴随经济增长而产生的交通拥挤问题几乎不可避免地成为国内外城市发展中所面临的瓶颈问题。一项针对美国85个城市交通畅通性评价的研究表明[1]，从1982年到2003年约20年间，采用机动车作为交通工具的出行者的高峰时间年人均延误从16小时攀升到47小时，增加了近2倍，且拥挤的持续时间和分布范围也都有了明显的增长和扩大。而我国目前一般城市干道上机动车的运行速度只有15～20 km/h，大城市中心区仅为10～15 km/h[2]，远低于国际上的交通标准——18 km/h。交通拥挤问题成为制约城市发展的关键问题之一。为此，国内外许多交通研究人员和交通工程师从理论和工程的角度提出了多种技术方法和工程措施：从简单的道路设施扩建到信号灯的优化控制，从公交优先政策到近年来在新加坡、伦敦等地陆续实施的拥挤收费管理，从交通信息发布到智能交通诱导等。在这一过程中，一系列问题摆在了人们的面前：如何评价路网的交通运行状态以判断交通改善技术实施的必要性？交通改善措施选用的依据是什么？如何评价这些技术方法和工程措施的实施效果？所有这些问题的解答都基于交通工程研究中的一个基础而重要的问题——交通系统评价问题。

交通数据的采集是进行有效评价的前提。目前我国许多城市都逐渐加大了在这一方面的投入。以上海为例[3]：上海市政工程管理处于 2001 年在三纵三横主干道路网的 23 个交叉口安装了感应式交通流量检测线圈，在随后的四年期间，又将检测交叉口数量增加到约 150 个。设施的建设无疑为及时掌握道路交通状况提供了很好的硬件基础。然而，只有将海量的数据转化成对管理人员和交通出行者有用的信息，这些设施才能真正发挥作用，建立合理的交通系统评价指标体系和评价方法将是完成这一转化的第一步，并可为后续设施的建设提供指导。

在进行交通评价分析时，长期以来，人们多是采用服务水平（Level Of Service）分级的方法进行的。现有研究意义下的服务水平可简单地定义为交通出行者对交通系统运行状况的感受，较为严格的定义可以引用美国《通行能力手册》（*Highway Capacity Manual*，HCM1985）中的有关定义[4]：描述交通流内的运行条件及驾驶员与乘客对其感受的一种质量标准。目前，在这一定义指导下所提出的用于确定服务水平的评价指标种类繁多，标准不一：有采用绝对数值的绝对指标，也有采用相对数值的相对指标；有基本指标，也有衍生指标。对于同一交通设施，采用不同指标评价有时会得到不同的结果，这就使得交通管理人员在决策时无所适从。应该如何科学地定义“服务水平”？哪些指标能够客观、高效地反映服务水平，从而为管理人员提供有益的决策帮助？这些指标又该如何获得？这些都是交通系统评价研究中亟待解决的问题。

对上述一系列问题的解决，构成了本书的研究初衷。本书拟重新诠释交通管理者和出行者的角度对“服务水平”的概念，并在这一概念指导下分层次给出服务水平评价指标和评价方法，以期能够建立一个较为合理、完整的城市交通系统评价指标体系，实现对现有数据资源的有效利用，为解决城市交通拥挤问题提供依据和指导。

1.2 国内外研究现状

对于交通系统服务水平的研究是以交通流理论的研究为基础的。关于交通流理论的研究开始于20世纪30年代[5]，到20世纪60年代初，包括流密速关系、交通波动理论、排队论等在内的交通流理论的基本框架已经形成。基于这些理论基础，研究人员开始致力于建立面向交通系统的评价指标体系和评价方法。在过去的近50年中，提出了众多的评价指标和评价方法，而各国与其通行能力手册相关的研究则成为这一领域研究的主线。因此，这里简单地将已有研究分为纳入各国通行能力手册的方法和其他方法两类进行综述[6]。

1.2.1 各国通行能力手册中的有关研究

继美国于1950年出版了第一版《通行能力手册》(*Highway Capacity Manual*, HCM)以来，加拿大、澳大利亚、日本、俄罗斯、德国等国家陆续出版了自己的通行能力手册。各国在研究编写其通行能力手册时，广泛地采纳和参照了HCM中的概念、方法和程序。

1. HCM

1) HCM的演化历程

HCM由美国公路通行能力和服务水平委员会(Highway Capacity and Quality of Service Committee, HCQSC)组织编写，先后经过了大小九次改版，共形成了四个正式版本。于1950年出版的第一版[7]，针对一些类型设施给出了基本的设计指南。委员会于1957年对第一版进行了改进，出版的 *Highway Research Bulletin* 167[8]被视为$1\frac{1}{2}$版。在此基础上，于1965

年正式出版了第二版[9]，在这一版中，首次提出了服务水平的概念，取代了第一版中的基本通行能力、可能通行能力和实际通行能力的概念。改版还增加了许多高速公路的相关内容。1980 年，TRB Circular 212[10]对第二版的一些程序进行了改进，1985 年出版的第三版由此诞生。从第三版到 2000 年出版的第四版中，HCM 先后经历了三次修订，分别在 1991 年、1994 年和 1997 年，这些修订主要是针对多车道公路和交叉口的相关内容的[11-12]。修订后的 HCM 第四版在内容、格式等方面都与前几版有了很大的不同。它一方面反映了目前丰富的信息采集技术，为后续在新领域的发展奠定了基础，另一方面，不再像前几版一样只关注单纯的设施，而是进一步转向了系统的角度。这反映在其第四版中将点分析的结果融入线、面评价的方法[13]。

2）“服务水平”概念的演化历程

1965 年，美国运输研究所在第二版的《道路通行能力手册》中首次给出了“服务水平”的定义，并建议用于交通设施的设计和评价。其定义如下[9]：

“服务水平是反映速度、行程时间、交通干扰、驾驶自由度、交通安全、驾驶方便舒适程度以及运营费用等多种因素影响的一种质量测度。”

1985 年的第三版形成了目前被各国广泛应用的服务水平概念[4]：

“规定为描述交通流内的运行条件及驾驶员与乘客对其感受的一种质量测度。服务水平的定义，一般用速度和行驶时间、驾驶自由度、交通干扰、舒适、方便和安全、费用等因素来描述。”

在 1997 版和 2000 版基本维持了这一定义，只做了两处修改：去掉了“安全”和“费用”两项，以使其定义的范围更为明确[12,14]。

3）“服务水平”评价指标的演化历程

把用于量化设施服务水平的测度（如 HCM 中的延误、行程车速等）称为设施服务水平的评价指标。

（1）HCM1965[9]

理论上来说，服务水平定义为出行者通过道路断面感受到的运行状况，但 1965 版 HCM 却采用饱和度（v/c）作为服务水平的评价指标。这一指标并不直接与出行者感受相关。其另一个严重的缺陷在于：由于饱和度的峰值为 1，不能用于评价公路系统所有状态的拥挤情况，不能区分过饱和和非饱和两种截然不同的运行状况。为此，后续版本进行了改进，尝试着忠实于其概念[13]。

（2）HCM1985—HCM1997[4,11-12]

HCM1985 到 HCM1997 使用不同的评价指标定义不同设施的服务水平。就公路而言，高速公路和多车道公路采用密度作为评价指标；两车道乡村公路则采用延误时间百分比作为评价指标。就城市道路而言，交叉口采用延误作为评价指标，主干道路采用评价行程车速作为评价指标。具体指标和分级标准见表 1－1（以 HCM1994 为例）。

表 1－1 HCM1994 服务水平评价指标和分级标准

设施类型	评价指标	LOS A	LOS B	LOS C	LOS D	LOS E
高速公路基本段	密度	<6	<10	<15	<20	*
交织区	平均行程车速	>88/96**	>80/86	>72/77	>64/67	>56
汇入分流区	密度	<6	<12	<17	<22	***
高速公路总体	无	无	无	无	无	无
多车道公路	密度	<7	<12	<17	<21	<25
双车道公路	延误时间百分比	<30%	<45%	<60%	<75%	<100%
信号灯交叉口	平均停车延误	<5	<15	<25	<40	<60
非信号灯交叉口	平均总延误	<5	<10	<20	<30	<45
城市干道 （Ⅰ、Ⅱ、Ⅲ级）	平均行程车速	>56 >48 >40	>45 >38 >30	>35 >29 >21	>27 >22 >14	>21 >16 >11

注：* 因自由流车速和车道数而异；
** 交织车速/非交织车速；
*** LOS“E”阈值为饱和度为 1 时的密度；
在 HCM1997 中，城市干道分为四级；
密度单位为 pcu/km/lane；平均停车延误单位为 sec/pcu；平均行程车速单位为 km/h。

可以看到，不但不同的设施选用了不同的评价指标，对同一种设施的不同等级，也选用了不同的服务水平分级阈值。

(3) HCM2000[14]

HCM2000 在前面版本的基础上有了较大的改进，不再像前几版那样只关注单纯的设施，而是进一步转向了系统的角度，然而，这种转化还没有在 HCQSC 目前的组织机构中得到完全的体现，在手册中的体现也只是初步的，仅对评价指标进行了讨论，并未给出服务水平的分级标准。因此其主要内容还是面向公路和城市道路的，且仍是对于不同类型的设施采用不同的评价指标和分级阈值，如表 1-2 所列。

表 1-2　HCM2000 服务水平评价指标和分级标准

设施类型	Service Measure	LOS A	LOS B	LOS C	LOS D	LOS E
高速公路基本段	密度	<9	<17	<22	<26	<28
交织区	密度	*				
汇入分流区	密度	<6	<12	<17	<22	**
高速公路总体	平均车速	>100	>90	>80	>70	>60
多车道公路	密度	<9	<16	<21	<24	<26
双车道公路	延误时间百分比	<30%	<45%	<60%	<75%	<90%
信号灯交叉口	平均延误	<10	<20	<30	<50	<75
非信号灯交叉口	平均延误	<5	<10	<20	<30	<45
城市干道 (Ⅰ、Ⅱ、Ⅲ级)	平均行程车速	>55 >50 >40	>40 >35 >25	>30 >25 >20	>25 >20 >15	>20 >15 >10

注：* 此处分为两种类型，六级，这里略去，可参见文献[14]；
** LOS"E"阈值饱和度为 1 时的密度；
密度单位为 pcu/km/lane；平均延误单位为 sec/pcu；平均行程车速单位为 km/h。

4) 对 HCM"服务水平"概念和方法的有关评价

HCQSC 一直坚持对其提出的"服务水平"的概念和评价方法的应用效

果进行跟踪评估，并总结如下[13]：

(1) 对出行者的接受情况研究薄弱，认为应当深入研究公众对已有指标的反应情况。这一点现在已经受到普遍关注，TRB 年会近几年多有这方面的论文。

(2) 当前的评价仍主要是面向道路设施的，应当更多地关注多种运输方式所形成系统的整体评价。针对这一点，早在 1990 年代，当 HCM1994 形成的时候，HCQSC 主席 Adolf D. May Jr. 就认为应当强调多种方式的交通而不仅仅是道路，建议将 HCM 中的“Highway”改为“Transportation”。

(3) 其应用已超出了 HCQSC 预期的范围，而现有概念和方法实际上不能满足一些应用的要求，比如：现在服务水平的评价指标没有与饱和度相关联，因此，LOS“F”可能发生在畅通一侧，而许多 HCM 使用者仍采用 LOS 来判断设施供给是否充足，这显然是当前定义下的 LOS 所不能提供的。

(4) 会导致一些反常现象，主要表现在以下方面：

① 有时评价指标提高不大，但服务水平却提高了一个等级；而相反评价指标提高很多，服务水平等级却不发生变化。

② 等级划分没有考虑区域差异。

Richard G. Dowling(1998)研究指出，现有 HCM 针对不同类型设施采用不同的服务水平评价指标，甚至同种设施类型采用不同的阈值，这都使得基于已有的交叉口、路段等单独设施的服务水平合理综合而得到系统层面服务水平的过程变得困难，甚至不可能[13]。

Wayne K. Kittelson, Roger P. Roess(2001)针对上述问题，甚至悲观地认为，未来 HCM 中应当不再使用“服务水平”的概念，而应当采用多种指标。认为交通专业人员已经熟知这些指标的意义，因此没有必要再将设施分为“好”“中”“差”等级。然而，他们也承认公众和一些决策者并不是交通专业人员，“服务水平”概念是使他们了解交通状况的有效方法。这也是许多研究人员仍然支持“服务水平”概念的主要原因之一[13]。

2. 其他国家的通行能力手册[16-20]

加拿大、澳大利亚、日本、俄罗斯、德国等国家参考 HCM 编写了自己的通行能力手册，并给出了其与 HCM 中的对应关系。表 1-3 列出了日本给出的道路服务水平评价标准。

表 1-3 日本道路服务水平规定

服务水平	车流量/通行能力(v/c)		相当于美国服务水平
	郊 区	城镇地区	
1	0.75	0.8	C
2	0.85	0.9	D
3	1	1	E

从 v/c 值来看，日本规划等级的 1、2、3 级相当于美国服务水平的 C、D、E 级。在美国标准中，服务水平 A、B 两级的车流量较低，服务水平过高，投资效益较低。这对于道路交通资源比较紧张的日本而言，显然是不经济的。

我国尚未形成自己的道路通行能力手册。服务水平标准是参考美、日两国的标准制定的，见表 1-4。

表 1-4 《城市道路设计规范》服务水平分级标准

评 价	路 段			信号灯交叉口	
	区间速度(km/h)		v/c	延误时间(s)	
	城市干道	快速路		正常运行	高峰时段
1	≥20	≥40	≤0.8	<30	<30
2	>15	≥30	≤0.9	30—180	30—360
3	≥10	≥20	≤1.0	>180	>360
4	<10	<20	>1.0	—	—

1.2.2 通行能力手册以外的有关研究

1. 国外的相关研究

目前,各国通行能力手册中关于“服务水平”的研究多关注路段、交叉口和城市干道,且其研究已占据了这一方面研究的主导地位。同类的其他研究也有很多,如:面向城市道路交叉口,研究人员还提出了饱和度、负荷系数、排队车辆数、停车次数、停车率、交通量和车速等评价指标[21];面向城市干道,日本在道路交通调查中建议采用拥挤度(CD)作为交通通畅性的评价指标[21],而美国 Herbert S. Levnison 和 Timothy J. Lomax 也曾于1996年提出采用延误指数来描述道路拥挤程度[22]。但这些研究的影响均与通行能力手册相去甚远。

然而,正如前一部分对通行能力手册中“服务水平”概念和方法的评价所述,其面向路网系统的评价较为薄弱,而这对于城市交通系统而言又十分重要。为此,许多研究人员进行了大量的研究,但少有将这些指标转化为服务水平等级的[15]。因此,这里重点综述已有文献中推荐的面向路网的评价指标,而不将其与服务水平等级相关联。

与对路段和干道的评价不同,路网评价的指标方法方面目前还是众说纷纭,很难得到大家的普遍认可。究其原因,主要是当人们把已有的面向路段和交叉口的交通流理论推广到网络时遇到了困难[23]:

(1) 网络层面交通流的三个基本参数如何定义。

(2) 已有的路段和交叉口模型均为单独建立,无法反映相互干扰。

(3) 已有的评价方法均面向单独的交叉口或道路,很难从中总结出面向网络的整体评价方法。

由于路网交通流理论发展的相对薄弱,目前所提出的网络服务水平的指标和方法多是基于实测数据的统计指标,已有研究大致可以分为两大类:单指标评价和多指标评价。

1）单指标评价

（1）行程时间等值线[24]

这是最初选用的指标。可以对一定时刻道路网络运行状况进行总体描述，给出整个路网的平均行程时间和车速信息。然而信息仅限于一点，对于其他点，工作必须重新开始。另外，很难根据等值线图给出路网服务水平评价的分级标准，不同路网间难以比较。

（2）交通密度 I [25]

由路段交通密度引申而出，将路网层面的交通密度定义为单位时间单位面积的总行程距离，单位 pcu/h/km。Vaughan，Ioannou 和 Phylactou（1972）利用英国四个城市（切斯特菲尔德、里丁、莱斯特和卢顿）的数据建立了几个常规模型，研究了其与研究区域距离城市 CBD 距离的关系：

$$I = A\exp(\sqrt{r/a})$$

式中，I 为交通密度；r 为与 CBD 的距离；A 和 a 为参数。

数据表明，四个城市有相同的 A 和 a，并且 A 值因高峰与否而不同。

➢ 宏观交通流模型中的若干参数[26-31]

Zahavi 在 1972 年利用英国和美国一些城市的数据，建立了交通密度 I 与城市道路密度 R 和空间平均车速 v 的关系，即 α 相关模型：

$$I = \alpha(v/R)^m$$

式中，I 为交通密度；城市道路密度 R 定义为单位面积的道路长度；α、m 为参数。

研究发现，m 几乎对所有城市均为-1，而 α 因城市不同而不同，与城市路网的车道宽度、交叉口密度等物理特征密切相关，因此建议将其作为路网服务水平的评价标准。然而，Buckley and Wardrop（1980）和 Ardekani（1984）在随后的研究中发现 α 值亦与空间平均车速和路网密度密切相关。

Herman 和 Prigogine（Herman 和 Prigogine 1979；Herman 和

Ardekani 1984）提出的二流模型也同样建议模型中的参数 n 作为路网服务水平的评价指标，它反映了随交通需求增长，路网性能恶化的速度。模型研究同时还指出另一个参数 Tm（在不停车条件下，车辆行驶的平均最小行程时间）也反映路网性能。

（3）行程车速[32-33]

这一指标在当前的研究中从根本上来说，仍是面向城市干道的。Branston（1974）将其放入路网中进行考虑，研究了行程车速与研究道路距城市 CBD 距离 r 间的关系。利用英国道路研究实验室（Road Research Laboratory，RRL）1963 年对英国 6 个城市进行观测所采集的数据，建立了五个平均速度 v 与距离 r 的关系函数，并经过对比推荐采用幂函数模型。

随后，Branston（1974）提出了下面的简化模型：

$v = kr^{1/3}$（其指数范围 0.27～0.36，1/3 为推荐值。）

研究发现，k 与城市人口密切相关。

同年，Hutchinson 对负指数函数模型进行简化，假定最大速度为 60 km，给出了下列模型：

$$v = 60 - a\mathrm{e}^{-r/R}$$

研究表明，R 与人口密切相关，而 a 与两个因素均无关系。

（4）拥挤度

出于简单、实用和区域可比性原则[34-36]，Lindley 和 Schrank 提出了相应的评价指标[37-39]。

Lindley 提出的拥挤度指标类似于道路的饱和度指标。显然，这样的指标不能用于评价交通系统所有状态的拥挤情况，不能区分过饱和和非饱和两种截然不同的运行状况。

Schrank 等提出并经 Schrank 和美国德州交通部（TTI）的 Lomax 改进得到 TTI 道路拥挤指数（Roadway Congestion Index，RCI）。其计算公

式为

$$RCI = \frac{(FwyVMT/Ln-Mi) \times FwyVMT + (ArtVMT/Ln-Mi) \times ArtVMT}{13\ 000 \times FwyVMT + 5\ 000 \times ArtVMT}$$

式中 $FwyVMT/Ln-Mi$——高速公路平均每车道英里上的日车英里数；

$FwyVMT$——高速公路的日车英里数；

$ArtVMT/Ln-Mi$——主干道平均每车道英里上的日车英里数；

$ArtVMT$——主干道的日车英里数；

13 000 和 5 000——分别为高速公路和主干道每车道英里的估计容量。

Schrank 等的这种方法遭到了 Gordon，Richardson 和 Liao[40]的批评。他们发现，RCI 与出行时间的相关系数仅为 0.09，从而认为其对交通状态的解释性不佳。

Marlon G. Boarnet，Eugene Jae Kim 和 Emily Parkany[41]等提出了基于通行能力适应指数（capacity adequacy index，CA）的拥挤度评价指标 ACCESS。

CA 定义如下：

$$CA = \left(\frac{\text{额定通行能力}}{\text{当前设计小时流量}}\right) \times 100$$

式中，额定通行能力是指综合考虑了道路交通条件和服务水平要求的服务通行能力；当前设计小时流量在目前研究中指乡村公路的第 30 位小时流量和城市道路的第 200 位小时流量。显然，CA 值越大，表示设施的拥挤程度越低。ACCESS 就定义为单设施 CA 值按日流量的加权平均值。

（5）延误[22,43]

美国华盛顿大城市理事会以出行者可接受的出行时间和延误为依据，

提出了“用户满意度”指标来评价路网状态。归纳了一系列曲线来反映固定出行距离和出行时间与出行者的满意程度的关系，从而评价交通系统的服务质量，见图 1-1。

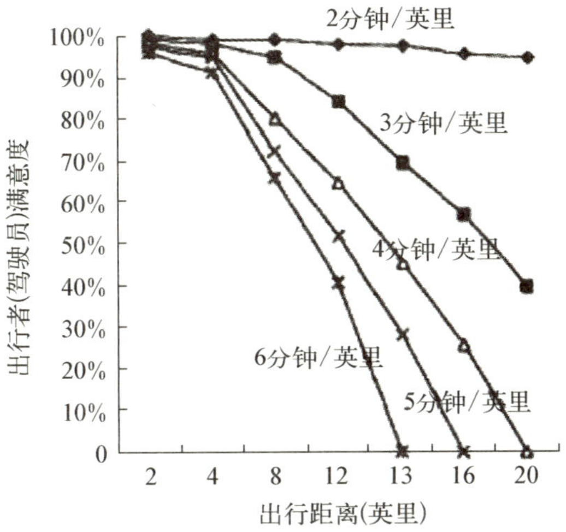

注：1英里=1.61公里

图 1-1 用户满意度评价曲线

2）多指标评价

（1）National Cooperative Highway Research Program（NCHRP）3-55(4)的推荐指标[44-45]

Lomax 认为，从持续时间、分布范围、严重程度和可靠性四个方面可以完整地量化拥挤。任何系统评价指标都应当尽量综合地反映拥挤的这四个方面。因此，他推荐采用下述评价指标：

① 单位距离的行程时间（Travel Rate：min/mile）

② 延误率（Delay Rate：min/mile）

③ 总延误（person * hour）

④ 相对延误率（无量纲）：为延误率与期望的单位长度的行程时间之比

⑤ 人的出行速度(mile/hour)：为按人加权平均的行程车速

⑥ 交通走廊畅通性指数(无量纲)：人的出行速度与标准值的比值

⑦ 可达性(%)：一定时间(min)内可以到达的目的地数目

⑧ 拥挤出行数(person×mile)：拥挤路段的长度与其上的出行者人数的乘积之和

研究指出，这些畅通性指标主要是用来辅助规划和运营管理人员从不同的目的和标准出发判断系统的运营状况和诊断问题，而不是用于向公众发布系统性能信息的。

(2) 佛罗里达州内公路系统性能评价指标[46]

佛罗里达交通部完成了对州内公路系统评价指标的研究(Florida Intra State Highway System, FIHS)，提出了主、次两个层次的评价指标，并在进行一定的修正后建议作为交通走廊性能评价的指标集。

FIHS系统性能指标分为服务质量和服务数量两个层次。服务质量指标反映出行者对设施性能的满意程度；服务数量用于量测系统运行的效率。

主要指标如下：

① 行驶人·英里

② 平均出行时间

③ 平均出行速度

次要指标如下：

① 平均车载人数

② 行驶车·英里

FIHS在交通走廊分析中在次要指标中增加了密度和LOS“F”的时间百分比两项指标，而将平均出行车速指标移至次要指标中。

主要指标：

① 人吞吐量

② 平均行程时间

次要指标：

① 平均行程车速

② 平均车载人数

③ 行驶车·英里

④ 单车道平均密度

⑤ 严重拥挤时间百分比

这些指标也是用来辅助运营管理人员评估系统性能而不是向公众发布的。

2. 国内的相关研究[16,47-62]

国内虽然规范仍借鉴美国和日本的标准，但近年来关于这方面的研究很多。首先是西南交通大学高世廉、晏启鹏等人于 1995 年以成都、重庆为背景，对城市出入口道路的服务水平划分进行了研究，通过计算机模拟的方法得到了行车自由度与车流代表车速和负荷系数的关系，并以此为基础得到了出入口道路的车辆运行特征，根据关系曲线上五个不同特征的五个区段将服务水平划分为 5 级。

其后，肖乾金、晏克非等人采用系统分析的方法，采用多项指标对城市道路分路段和交叉口两级进行分别评价的方法，形成了路段、交叉口多指标综合评价的框架。该方法的基本思路是通过专家评分的方法对各项指标给出分级标准和权重，进而得到对整个交通系统的总体评价。以此为基础建立的模糊评价方法为路段和交叉口评价提供了另一种思路。模糊评价中充分考虑了交通问题中的模糊性，引入了隶属函数对模糊性进行表征。该方法仍然基于多指标综合分析方法，但不再试图量化各个指标，而统一采用“满意度”指标，通过调查获得。在各指标的权重确定上采用了层次分析法，并通过隶属函数给出了各个指标的评价值域，考虑权重并经过适当变换最终给出综合满意度指数 ZH 作为最终的服务水平评价指标。

此外，北京工业大学的姚颖在其硕士论文中提出采用畅通可靠度指标作为城市道路单元的概率性评价指标。道路畅通状态定义为在规定时间和规定条件下，道路交通运营状态满足畅通状态的概率。可见，这一指标必须建立在确定性评价指标方法的基础上，实质上是对道路交通状态稳定性的一种评价。

国内对路网交通评价的研究起步较晚，目前的研究多集中于公路网评价方面，主要采用公路网平均车速和平均饱和度作为评价指标。杨兆升等于 1997 年提出了路网整体适应性 QC 指标，定义为路网实际负荷与最大容许负荷的加权比，以此来反映路网流量与路网通行能力的总体平衡状况和路网能力的储备状况。“城市道路交通发展决策关键技术”专题研究组借鉴了公路网的评价结果，采用表征交通负荷水平的“空间饱和度”指标来评价路网。而姚颖提出的方法是对路网交通稳定性的一种评价。

1.2.3 总结

通过对已有服务水平研究的回顾与分析可以发现其存在的问题主要表现在以下几方面：

(1) 面向交通系统服务水平的研究还十分薄弱：面向路段、交叉口、城市干道服务水平的评价指标方法似乎已有定论，而面向交通系统服务水平评价的指标方法方面目前还是众说纷纭，很难得到大家的普遍认可。

(2) 评价指标类型混杂：提出的指标众多，其中有像延误、行程车速等的绝对指标、有饱和度、拥挤度等相对指标。

(3) 评价指标和阈值多样：对不同类型的设施给出了不同的服务水平评价指标(比如对交叉口采用“延误”指标，对城市主干道采用“速度”指标)；对同一类型不同等级的设施设置不同的服务水平分级阈值。

对上述问题的表象进行分析：出现交通系统服务水平研究薄弱现象的原因何在？除了前文提到的网络交通流理论发展的制约以外，目前面向单独设施的评价指标和阈值多样、类型混杂，缺乏相容性也是一个主要的原因。正如 Richard G. Dowling(1998)所指出的，这使得基于已有的交叉口、路段等单独设施的服务水平合理综合而得到系统层面服务水平的过程变得困难，甚至不可能。而出现这两种现象的最根本原因在于人们在研究过程中没有明确“服务水平”究竟为谁所用。从前面的分析可以看到，一些指标是为了让公众了解交通状况而提出的，而另一些的提出则是出于为管理人员提供决策辅助功能的目的。进一步深入分析，“服务水平”定义在指标研究中提供指导的不明确性就成了根本的原因。

1.3 研究内容和技术路线

1.3.1 研究范围设定

从广义上来讲，城市交通系统应当是包含道路、轨道交通、航空、水运和管道五种子系统组成的大系统，其评价应当包括畅通性和可达性两个主要的方面。为了使研究更具有针对性，本书仅对城市交通系统中道路子系统中的地面道路网系统的服务水平进行研究，且主要关注其畅通性方面的评价。本书在研究中仅面向采用机动车方式的出行者，而对行人、自行车等其他方式不做考虑。

1.3.2 研究的主要内容

要解决系统服务水平研究问题，应当首先从单个设施的评价指标和方法入手，看似成熟的单个设施服务水平研究正是系统研究的瓶颈所在。在进行所有这些研究之前，有必要对“服务水平”的概念进行重新诠释，以明确目的。基于这些考虑，确定本书的研究内容如下：

(1) 重新诠释面向城市道路网系统的“服务水平”的概念；

（2）建立新“服务水平”概念下面向城市道路交叉口、干道和路网三个层面的评价指标体系；

（3）进行评价指标的影响因素分析。

1.3.3 研究的技术路线

由于对于“服务水平”的研究历来都是和“通行能力”密切相关的，因此，本书拟从“通行能力”的分析研究入手，确定本书的技术路线如下：

（1）从系统的角度出发对现有城市道路通行能力研究进行分析，提出“等效通行能力”的概念，作为从单个设施到道路网系统的过渡，并给出其实测方法；

（2）建立等效通行能力的影响因素分析方法，对部分影响因素进行定量分析；

（3）重新诠释面向城市道路网系统的“服务水平”的概念，明确其评价的目的所在；

（4）基于“等效通行能力”，建立新“服务水平”概念下面向城市道路交叉口、干道和路网三个层面的评价指标体系；

（5）基于等效通行能力影响因素分析的结果，在路网设计问题中考虑交叉口间距的影响，给出问题分析方法和求解算法。

第2章

等效通行能力概念和调查方法

对道路服务水平的研究历来都是与通行能力的研究密切相关的。本章从系统的角度出发，对现有城市道路通行能力研究进行分析，提出面向城市道路网系统的子系统——由交叉口及其连接路段组成的干道系统的“等效通行能力”概念，以此作为从单个设施到道路网系统的过渡。

2.1 已有道路通行能力研究简述

道路的通行能力是指在一定的道路交通条件下，单位时间内某一车道或道路某一断面能通过的最大车辆数[4]。通行能力是进行公路和城市道路交通理论研究的基础参数之一，也是道路规划、设计、运行分析以及控制管理过程中不可或缺的重要参数。

2.1.1 道路通行能力理论研究

关于道路通行能力的理论研究，最早可以追溯到20世纪20年代中期，交通研究人员基于行车过程中的安全性考虑，用了近20年(1924—1941年)的时间对公路通行能力进行了研究，美国《通行能力手册》(*Highway*

Capacity Manual, HCM)第一版对这些研究进行了总结,几乎所有这些研究都是基于式(2-1)进行的[5]:

$$Cap = 5\,280V/S_p \tag{2-1}$$

式中 Cap——单车道通行能力,车/小时;

V——车速,英里/小时;

S_p——行驶车辆的平均车头间距,英尺。

$$S_p = aV^2 + bV + c \tag{2-2}$$

式中,a, b, c 为常数。

这项研究甚至要略早于开始于 20 世纪 30 年代的交通流理论的研究。此后,伴随着交通流理论的发展,关于道路通行能力的研究大都围绕着流量、速度和密度三大交通流基本参数的关系进行。首先建立速度和密度的基本关系模型,再根据 $q = uk$ (其中,q 为流量;u 为速度;k 为密度)这一基本关系将其转换成速度和流量的关系模型,从而找到流量的最大值作为其通行能力。

第一个交通流模型是由 Greenshields 在 1934 年提出的速度-密度线性模型:

$$u = u_f(1 - k/k_j) \tag{2-3}$$

式中,u_f为自由流车速,k_j为堵塞密度。

May (1991)对 1950—1970 年间的最为重要的模型进行了总结[63]:

$$\text{Greenberg (1959)}: u = u_m \ln(k/k_j) \tag{2-4}$$

$$\text{Underwood (1961)}: u = u_f \exp(-k/k_m) \tag{2-5}$$

$$\text{Drake (Northwestern)(1965)}: u = u_f \exp[-0.5(k/k_m)^2] \tag{2-6}$$

式中,u_m为最大交通流对应速度;k_m为最大交通流对应密度。此间和其后,为了更好地反映拥挤和畅通交通条件下模型的适应性，Edie（1961）、Underwood、Dick（1966）等人先后建立了速度-密度的分段模型[64-66]。所有单段和分段的交通流模型均是基于交通实测数据拟合的经验模型。

而开始于 20 世纪 50 年代的跟车模型的研究，为交通流模型的发展开辟了一条新路，即基于驾驶员行为的交通流模型建立方法。Grazis 等于 1959 年在 Operation Research 上最早讨论了跟车模型和交通流模型的关系[67]。随后的研究表明，跟车模型通过改变参数值可以实现上述多个交通流模型的统一，从而从驾驶员行为的角度对交通流模型进行了解释[68]。

2.1.2　道路通行能力应用研究

上述交通流模型为道路断面通行能力的应用研究提供了理论基础。实际中，几乎所有的道路通行能力研究都将公路和城市道路截然分开，以期能够反映公路连续流和城市道路间断流之间的区别所在。而对已有研究的总结却表明，二者所采用的研究思路完全相同，都是基于上述交通流模型，选用某一代表道路断面的通行能力作为整条道路的通行能力，所不同的仅是由于各自影响因素不同所导致的代表断面的选择不同。考虑到公路的交叉口间距很大且高等级公路多采用立体交叉，路段受交叉口影响很小，同时，路边开发强度不高，这使得路段上各断面交通特性相差不大，因此可以采用路段断面的通行能力作为整条公路段的通行能力。而对于城市道路而言，一个路段上各个断面的交通特性差异很大，这主要是由交叉口、非机动车、路边商业经营和人员活动等一系列城市道路特有的影响因素造成的。通常认为，信号控制交叉口是道路的瓶颈所在，因此选用交叉口进口车道断面通行能力作为城市道路的通行能力。

目前通行能力的测量方法通常有折减系数法和实测法两种[69]。

折减系数法以《美国通行能力手册》(HCM)和日本道路公团的设计规范为代表。其基本思路如下：首先给出一些理想条件下道路断面的经验速度-密度曲线，将其对应的速度-流量曲线的峰值作为理想道路的基本通行能力 C_0；而后对于非理想条件下的道路通行能力，则引入大量的参数 λ_i 对 C_0 加以修正，得到道路的可能通行能力 C_λ，见式(2-7)；最后，采用参数 P_{los} 对 C_λ 进行修正，得到一定服务水平要求下道路的设计通行能力(即实际通行能力)c：

$$
\begin{aligned}
c_\lambda &= \prod \lambda_i \cdot C_0 \\
c &= P_{los} \cdot C_\lambda
\end{aligned}
\qquad (2-7)
$$

虽然从 HCM 第二版开始就不再使用可能通行能力和设计通行能力的概念，而代之以六种服务水平下的服务流率，但其基本思路并没有大的变化。这一基本思路被广泛地用于确定公路和城市道路的通行能力中。交叉口断面通行能力的确定思路与公路完全相同，只是考虑的影响因素有所不同，交叉口绿信比是其中最为主要的影响因素。

实测法可大致分为速度-密度模型实测法和车头间距实测法两种。前一方法多用于公路断面通行能力的确定中，对于城市道路交叉口则难以实施。城市道路交叉口的实测方法有停车线法和冲突点法两种[70]，其实质都是对道路断面车头间距进行实测，再用绿信比进行折减，所不同的仅仅是断面的选择不同。

2.2 已有研究问题分析

2.2.1 已有研究的基本假设

采用交叉口断面的通行能力作为城市道路的通行能力，实际上蕴含着以下三点假设：

(1) 城市道路通行能力的确定多是以交通流-密-速模型作为理论基

础的；

(2) 多认为信号灯交叉口是城市道路的交通瓶颈所在；

(3) 瓶颈断面的通行能力可以代表城市道路的通行能力。

交通流-密-速模型是交通工程学的理论根基所在，假设一无可厚非，假设二和假设三却值得商榷。

2.2.2　关于上述假设的分析

1. 假设二分析

假设二在一定的情况下并不成立，而真正的瓶颈断面的判断十分困难。这一点在 HCM 中也有提及[4]：在某些情况下，中间路段有特殊阻塞，从而也限制道路的通行能力。然而，即使不存在特殊阻塞，交叉口的过度密集也会造成瓶颈断面出现在路段，这要从路段断面通行能力降低的机理进行分析。

本书对一条下游设有瓶颈断面的城市道路采用 VISSIM 进行交通仿真，仿真的道路交通参数设置如下：

(1) 路段长 1 000 m，单向 2 车道，在 1 000 m 处变为单向单车道；

(2) 取 100 m 为分析路段单元长度，仿真得到该段行程车速和流量的平均值；

(3) 取 15 min 作为分析期。

采用 Greenshields 模型回归得到各路段单元的通行能力和自由流车速如图 2-1 所示。

可以看到，通行能力和自由流车速的变化趋势基本一致，均随断面与瓶颈断面之间距离的减小而减小，两条曲线基本重叠。这种现象可解释为随着瓶颈断面的临近，车辆之间的频繁交织使得人的期望车速随之降低，而通行能力随自由流车速的降低而降低。在此过程中，各断面的阻塞密度基本维持不变。由此可以假设断面自由流车速是决定断面通行能力的关

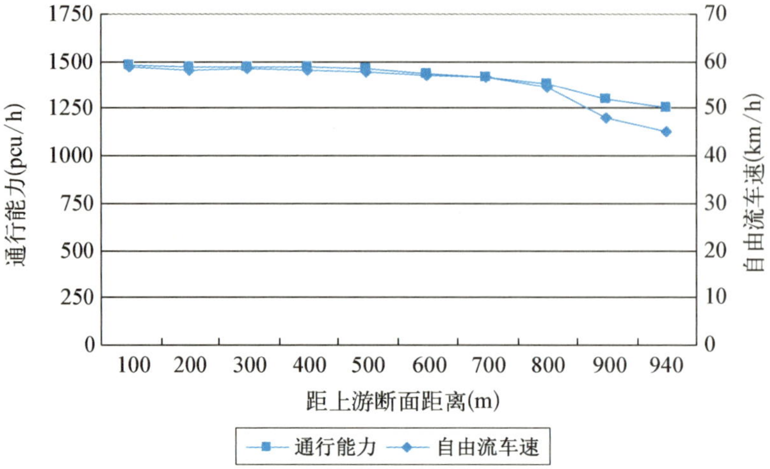

图 2-1　瓶颈断面对路段通行能力和自由流车速影响图

键因素，各种干扰因素通过这一参数影响断面通行能力，进而形成交通拥挤现象。

采用这一原理对城市道路单元（交叉口和与其相连接的上游路段的组合）通行能力分析，交叉口的存在与其他路段干扰一样将带来驾驶员期望车速的降低，从而影响路段各断面的通行能力，如图 2-2 所示。

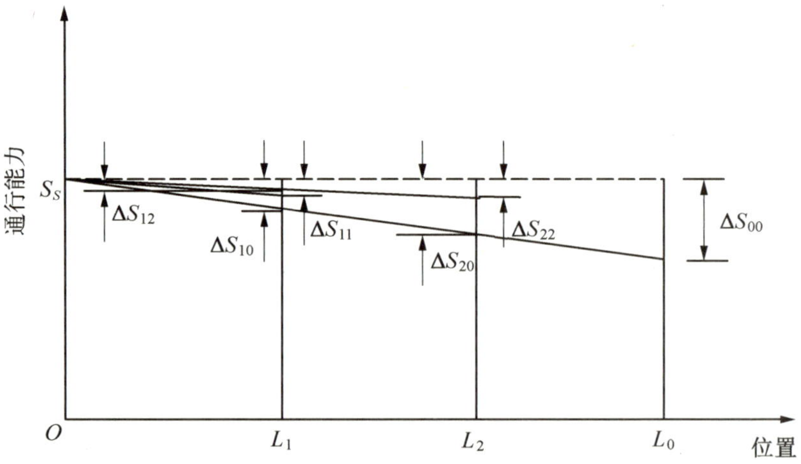

图 2-2　城市道路单元各断面通行能力折减示意图

图 2－2 中，假设交叉口无拓宽，Ss 为不考虑交叉口和其他干扰时路段的通行能力，L_0 为交叉口位置，L_1、L_2 为路段上假设存在的两处干扰（如路边地块开口、路边停车、公交车站等）所在位置。ΔS_{ij} 为 L_i 位置断面由 L_j 位置处干扰存在而造成的通行能力的下降值，取 ΔS_i 为 L_i 位置断面通行能力的降低总量，则由图 2－2 可知

$$\Delta S_1 = \Delta S_{10} + \Delta S_{11} + \Delta S_{12} \tag{2-8}$$

$$\Delta S_2 = \Delta S_{20} + \Delta S_{22} \tag{2-9}$$

$$\Delta S_0 = \Delta S_{00} \tag{2-10}$$

设交叉口绿信比为 R_g，则有

当 $\Delta S_i > S \times (1 - R_g)$ 时，瓶颈断面不再是交叉口，而转移至 $L_{\max(\Delta S_i)}$ 处。在目前普遍存在交叉口进口道拓宽的情况下，交叉口饱和流率大于路段通行能力，瓶颈断面转移的现象更易出现。而在实际工程中，对整个道路单元各个断面的通行能力一一检测很困难，甚至是不可能的。因此，真正瓶颈断面的判断十分困难。

2. 假设三分析

用瓶颈断面的通行能力表征城市道路单元的通行能力，完全忽视其他非瓶颈断面的影响并不合理，在一定的情况下也是错误的。假设瓶颈断面存在于交叉口，以图 2－3 所示城市道路单元为例进行分析。

分析中涉及变量的定义如下：

S 为交叉口进口道饱和流率；

g 为该进口道对应有效绿灯时间；

r 为该进口道对应红灯时间；

C 为信号周期，$C = g + r$；

c 为该进口道通行能力，$c = S \times g/C$；

S' 为路段通行能力；

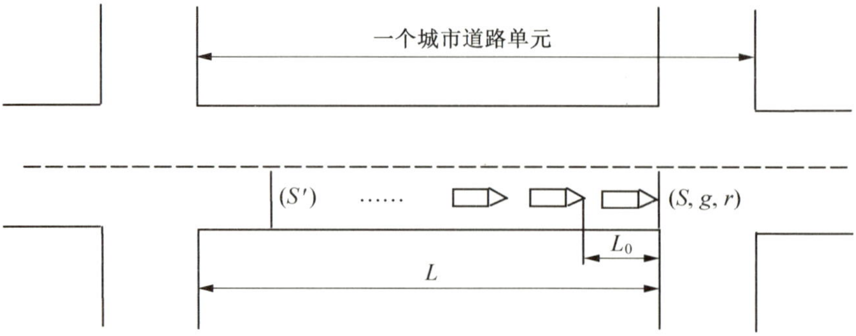

图 2-3　城市道路单元示意图

L 为路段实际长度；

L_0 为车辆静止时的车间空距；

N_0 为路段可以容纳的最大排队车辆数，$N_0 = L/L_0$；

λ_0 为车辆到达率；

q_0 为红灯期间到达车辆数；

Δq 为每信号周期绿灯末排队车辆数的增加量；

T_0 为分析期时长，取绿灯起点作为时间零点，假设上一周期没有二次排队产生，$T_0 = n_0 \times C$，n_0 为整数，$n_0 \geqslant 1$；

q_{max} 为 T_0 分析期内路段上的最大排队长度；

Q_{max} 不考虑时间因素城市道路单元可以通过的最大交通量。

注：这里未给出上述变量的单位，分析中也略去单位换算。

首先，由相同通行能力的交叉口和不同长度的路段组成的城市道路单元，其对交通流的适应能力不同。

如图 2-4 所示，信号灯控制的存在使得交通流在交叉口产生周期性的间断，红灯期间到达的车辆形成排队，过高的交通到达率还会产生二次排队，使排队长度随时间而增加。显然，N_0 不同的路段在相同时间内对车辆排队的容纳能力不同，仅采用交叉口通行能力来表征整个道路单元通行能力的方法不能反映不同路段长度的差异。为此，这里提出道路单元最大适应流量的概念，描述如下：

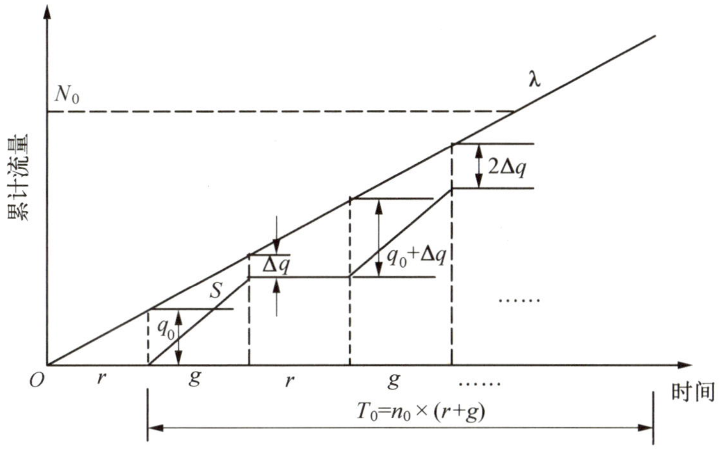

图 2－4　排队长度变化示意图

城市道路单元最大适应流量定义为在整个分析期 T_0 内，道路单元在始终保持 $p\%$（$p\in[0,\ 100]$）的断面从不产生排队现象的前提下所能承受的最大车辆均匀到达率。

由图 2－4 可知：

$$\Delta q=\max(0,\ \lambda C-Sg)$$
$$q_{\max}=\min(N_0,\ \lambda r+n_0\Delta q) \tag{2-11}$$

由适应流量概念，适应流量 λ 应满足：

$$\lambda r+n_0\Delta q\leqslant N_0\times(1-p\%) \tag{2-12}$$

分情况讨论如下：

（1）$\Delta q=\lambda C-Sg$，由式(2－11)和式(2－12)可得

$$\lambda>Sg/C$$
$$\lambda\leqslant[N_0\times(1-p\%)+n_0Sg]/(r+n_0C) \tag{2-13}$$

由式(2－13)可知，当 $N_0>cr/(1-p\%)$ 时，该城市道路单元的适应

流量范围为 $(c, [N_0 \times (1-p\%)+n_0 Sg]/(r+n_0 C)]$，最大适应流量为

$$\lambda_{max}=[N_0 \times (1-p\%)+n_0 Sg]/(r+n_0 C) \qquad (2-14)$$

(2) $\Delta q=0$，由式(2－11)和式(2－12)可得

$$\begin{aligned} &\lambda \leqslant Sg/C \\ &\lambda \leqslant N_0 \times (1-p\%)/r \end{aligned} \qquad (2-15)$$

当 $N_0 \geqslant cr/(1-p\%)$ 时，该城市道路单元的适应流量范围为$[0, c]$，最大适应流量为

$$\lambda_{max}=c \qquad (2-16)$$

当 $N_0 < cr/(1-p\%)$ 时，该城市道路单元的适应流量范围为 $[0, N_0 \times (1-p\%)/r]$，最大适应流量为

$$\lambda_{max}=N_0 \times (1-p\%)/r \qquad (2-17)$$

综上所述，不同 N_0 对应最大适应流量如下：

$$\lambda_{max}=f(N_0, p, n_0, S, r, g)=\begin{cases}[N_0 \times (1-p\%)+n_0 Sg]/(r+n_0 C) & N_0 \geqslant cr/(1-p\%)(1) \\ N_0 \times (1-p\%)/r & N_0 < cr/(1-p\%)(2)\end{cases} \qquad (2-18)$$

在相同的交叉口条件和相同的分析期长 T_0 下，$\lambda_{max}=f(N_0, p)$。当满足条件(1)时，$\lambda_{max} \geqslant c$。如 $p>50$，则有一半以上的道路断面在分析期 T_0 内从未产生过排队，其通过流量始终为 λ_{max}，此时，采用交叉口断面的通行能力作为整个道路单元的通行能力就不具有代表性。当满足条件(2)时，若要保证 $p\%$ 的道路断面不产生排队，其最大适应流量 $\lambda_{max}<c$。需要说明的是：即使当 $p=0$ 时这也只是在前述“城市道路单元最大适应流量”概念假设下的单元最大通过量，并不意味着在满足条件(2)时单元的极限最大通

过量一定小于交叉口通行能力，这一点可以从后面的论述中看到。

其次，即使采用传统的通行能力概念，不考虑分析期这一因素，采用通行能力最小的交叉口断面的通行能力作为整个道路单元通行能力的方法有时也是错误的。这是由于组成城市道路单元的路段和交叉口并不是相互独立的，如前所述路段断面的通行能力会因交叉口的存在而降低，反之，在一定条件下，交叉口断面的通行能力也会由于其连接路段长度的限制而不能完全发挥。此时，道路单元的通行能力不再受交叉口控制，而更多的由路段长度决定，见图 2-5。

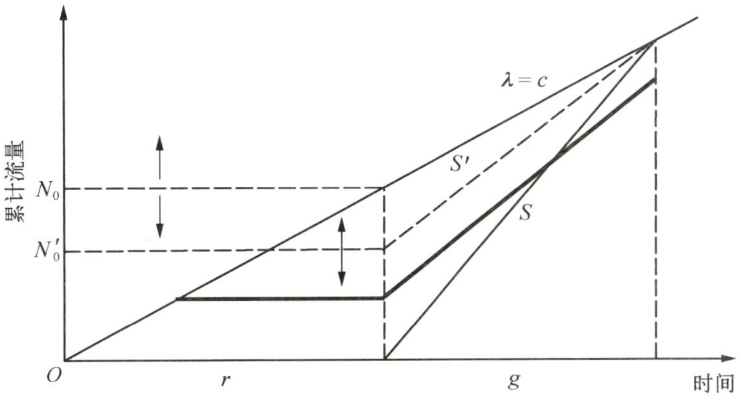

图 2-5　交叉口累计流量变化

由瓶颈断面位于交叉口这一假设可知：$S' > c$。同时，由前面叙述可知，通常情况下 $S' \leqslant S$，所以，S'的取值范围为$(c, S]$。随 N_0变化，整个城市道路单元的通行能力分析如下：

当 $N_0 \geqslant cr$ 时，对于任意分析期 T_0，总存在$\lambda = c$ 使得交叉口进口道的通行能力得以完全发挥，$Q_{\max} = c$，此时，道路单元通行能力受交叉口断面通行能力控制；

当 $N_0 < cr$ 时，取 N_0'满足 $N_0' + S'g = Sg$

则

当 $N_0 \geqslant N_0'$ 时，总存在 $\lambda = S - N_0/g \leqslant S'$ 使得交叉口进口道的通行能力得以完全发挥，$Q_{max} = c$，道路单元的通行能力仍受交叉口断面通行能力控制；

当 $N_0 < N_0'$ 时，由于 $\lambda \leqslant S'$ 的限制，其最大通过流量 $Q_{max} = (N_0 + S'g)/C < c$，道路单元的通行能力由 N_0 决定，不再受交叉口断面通行能力控制。

综上所述，传统通行能力定义下，不同 N_0 对应道路单元通行能力如下：

$$Q_{max} = \begin{cases} c & N_0 \geqslant (S - S')g(1) \\ (N_0 + S'g)/C & N_0 < (S - S')g(2) \end{cases} \quad S' \in (c,\ S] \tag{2-19}$$

3. 问题总结

从上述分析可以看到，一方面由于交叉口和路段干扰对驾驶员期望车速的影响，其上游路段通行能力也随之下降，这使得道路单元的瓶颈断面有时并不出现在交叉口，而真正瓶颈断面的判断在实际中十分困难；另一方面，传统的采用瓶颈断面的通行能力作为整个道路单元的通行能力，完全不考虑“时间”和“空间”这两个与交通息息相关的因素，不能全面反映不同道路设施之间差异，对于 N_0 满足一定条件的道路单元也不具有代表性。进一步分析还表明，即使在传统的通行能力概念下，在一定条件下，道路单元的通行能力也不受瓶颈断面的控制，而是由连接瓶颈断面的路段长度决定。可见，采用道路上某一断面的通行能力作为整条道路通行能力的思想方法不适用于城市道路通行能力研究。

2.3　等效通行能力

上述问题的出现，其根本原因是由于目前人们在研究城市道路通行能力时仍然沿用了公路研究中以一个道路实际断面通行能力代表整条路通行能力的思想方法。为了克服这一缺陷，本书提出等效通行能力概念作为表征城市道路单元通行能力的一种新方法[71-72]。

2.3.1　等效通行能力概念

如图 2－6 所示，将等效通行能力概念定义为：将一条由路段和交叉口组成的实际道路抽象成一条没有交叉口的等效路段，采用能够反映道路条件、交叉口密度、延误、干扰和驾驶行为等因素的实际道路行程车速作为等效路段的行驶车速，采用实际道路各路段流量的平均值作为等效路段的断面流量，根据一定的交通流-密-速模型回归得到的等效路段的通行能力定义为实际城市道路的等效通行能力。

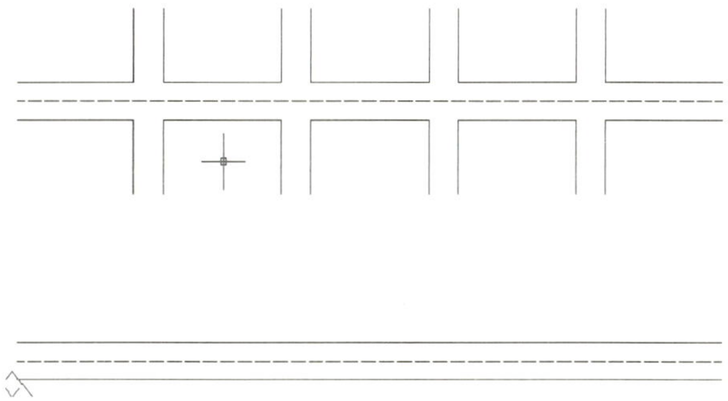

图 2－6　等效通行能力概念示意图

等效通行能力概念与传统概念不同，它不再突出道路上某一断面的通行能力，而是代之以等效道路均匀断面的通行能力，瓶颈断面以及道路上存在的各种干扰均可在行程车速中得以反映，进而反映在等效通行能力中。

根据这一概念，一个城市道路单元的通行能力可以通过对其进行流量、行程车速调查和交通流建模获得。

2.3.2 等效通行能力的理论基础——间断流下的流-密-速关系

有关研究给出的关于交通流流量、密度、速度变量的一般定义如图2-7所示[73]。

图2-7为一条道路的交通时空图，任意划定一个区域 $\mathrm{d}A$，则一般意义下的流量 q，密度 k 和速度 V 定义如下：

$$q=\frac{\text{总行程距离}(veh\ km)}{\text{划定区域面积}(km\ h)}=\frac{\sum_i \mathrm{d}x_i}{\mathrm{d}A} \tag{2-20}$$

$$k=\frac{\text{总行程时间}(veh\ hr)}{\text{划定区域面积}(km\ hr)}=\frac{\sum_i \mathrm{d}t_i}{\mathrm{d}A} \tag{2-21}$$

$$V=\frac{\text{总行程距离}(veh\ km)}{\text{总行程时间}(veh\ hr)}=\frac{\sum_i \mathrm{d}x_i}{\sum_i \mathrm{d}t_i} \tag{2-22}$$

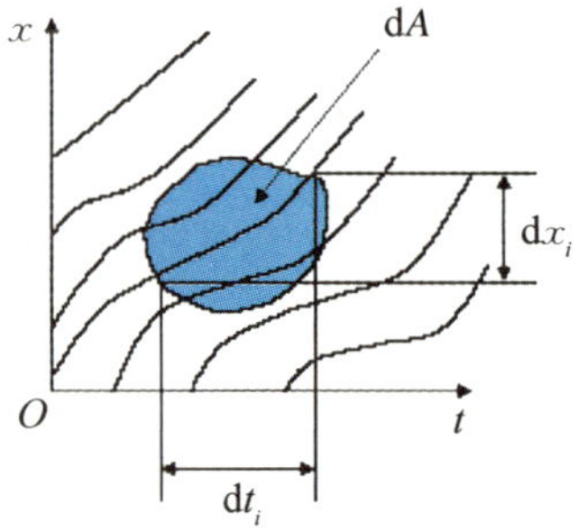

图2-7 城市道路间断流参数的一般定义

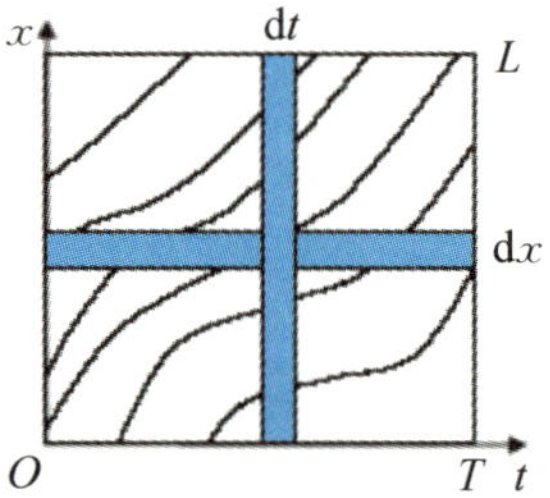

图2-8 定义的一致性

上述定义对城市道路上的间断流交通依然成立。研究表明，这一定义与针对连续流交通的原有定义相一致，见表2-1和图2-8。

可见，上述一般性定义与原有定义相一致。

表 2 - 1　定义的一致性检查

	时空($T-X$)	固定地点 X	固定时刻 T
$\mathrm{d}A$	TL	$T\mathrm{d}x$	$L\mathrm{d}t$
总行程时间	$\sum_i \mathrm{d}t'_i$	$\sum_i \mathrm{d}t_i$	$n\mathrm{d}t$
总行程距离	$\sum_i \mathrm{d}x'_i$	$n\mathrm{d}x$	$\sum_i \mathrm{d}x_i$
q	$\sum_i \mathrm{d}x'_i \big/ LT$	n/T	ku
K	$\sum_i \mathrm{d}t'_i \big/ LT$	q/u	n/L
u	$\sum_i \mathrm{d}x'_i \big/ \sum_i \mathrm{d}t'_i$	$\dfrac{n\mathrm{d}x}{\sum_i \mathrm{d}t_i} = \dfrac{n}{\sum_i \dfrac{1}{v_i}}$	$\dfrac{\sum_i \mathrm{d}x_i}{n\mathrm{d}t} = \dfrac{1}{n}\sum_i v_i$

由式(2 - 20)—式(2 - 22)可以很容易地得到 $q=kV$，可见这一关系对城市道路的间断交通流依然成立。

基于这一普遍定义，可以将等效通行能力定义中的流量 q_e、速度 V_e、密度 k_e三个变量解释如下：

设道路长度为 L，分析期长为 T，取如图 2 - 8 所示的划定范围，则有

$$q_e = \frac{\sum_j q_j l_j}{\sum_j l_j} \Big/ T = \sum_j q_j l_j \Big/ LT = \frac{\text{总的行程距离}}{\text{划定区域的面积}} \tag{2 - 23}$$

式中　q_j——道路第 j 个路段上的流量值；

l_j——第 j 个路段的长度。

$$V_e = \frac{L}{\sum_i t_i \Big/ n} = \frac{nL}{\sum_i t_i} \tag{2 - 24}$$

式中，t_i为到达和离开试验道路的时间均在分析期 T 内，且其行程距离为 L 的 n 辆车中第 i 辆车的行程时间。

进一步假设 V_e对在分析期内进入道路的其他车辆也具有代表性，则有

$$V_e = \sum_k l_k \Big/ \sum_k t_k \tag{2-25}$$

式中，l_k和 t_k为进入道路的其他车辆的行程距离和行程时间。

由式(2-24)和式(2-25)可得

$$V_e = \frac{nL + \sum_k l_k}{\sum_i t_i + \sum_k t_k} = \frac{\text{总行程距离}}{\text{总行程时间}} \tag{2-26}$$

可见，等效通行能力定义中的流量和速度可以解释为上述一般性定义下的相应变量，故这里将其密度变量解释如下：

$$k_e = \frac{q_e}{V_e} = \frac{\text{总行程时间}}{\text{规定区域面积}} \tag{2-27}$$

2.3.3 等效通行能力的获得

1. 调查过程

获得等效通行能力的方法如图 2-9 所示。

选定待调查的道路后，以若干实验车在选定的道路区段上，分别在高峰和平峰时段巡回行驶，记录行程车速，同时记录选定道路上某一断面(这里取道路单元中点断面)的流量，具体调查过程参见文献[71][72]。调查后，取一定分析期长，将分析期内道路的流量和试验车行程车速平均值进行匹配，回归建立车速与交通流量的关系，进而求出能够通过的最大交通量，作为该条道路的等效通行能力。由于车速与密度之间的单调对应关

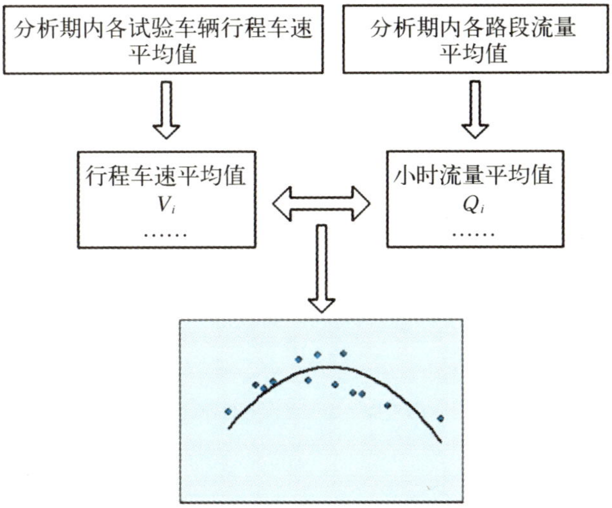

图 2－9　等效通行能力确定方法程序

系，在实际中将车速-流量关系转换为车速-密度关系更利于交通流模型的选择与验证[71]。

2. 等效流-密-速模型选择

根据上述概念和调查方法，对上海市 12 条城市道路进行了初步调查，数据整理后，采用 Greenshields 模型进行回归，结果如图 2－10 和表 2－2 所示。可以看到，对于 12 条被调查道路，在 99％的保证率下，Greenshields 模型的回归结果均可接受。最终得到 12 条道路的等效通行能力和相关参数见表 2－3。

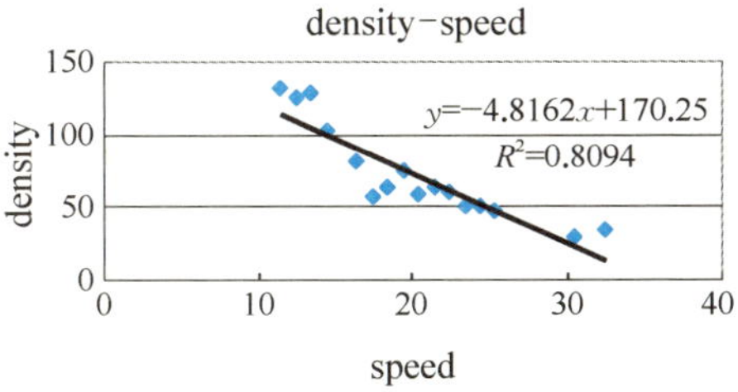

周家嘴路

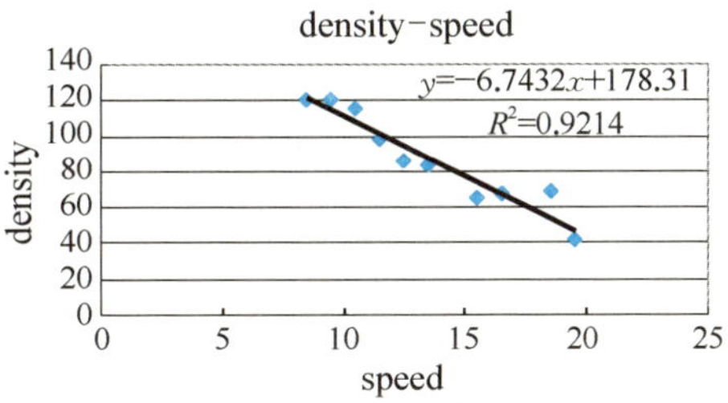

福州路

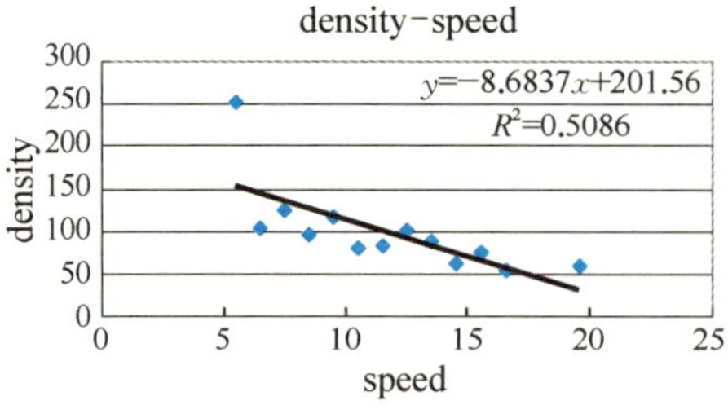

河南路(包括河南北路、河南中路、河南南路)

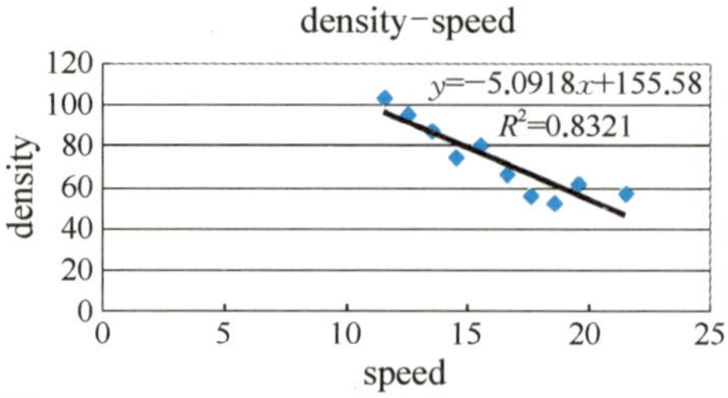

淮海路

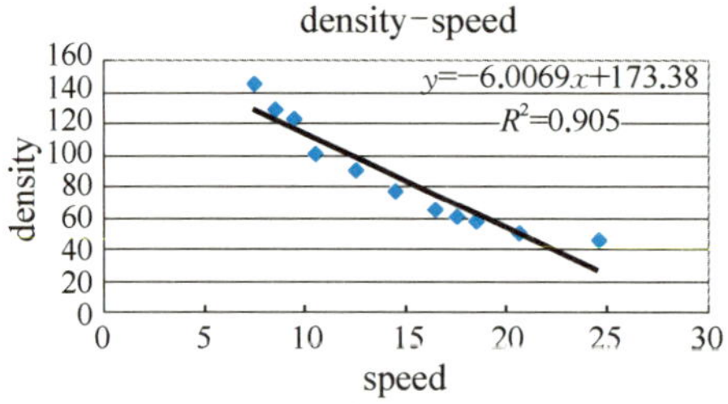

建国西路

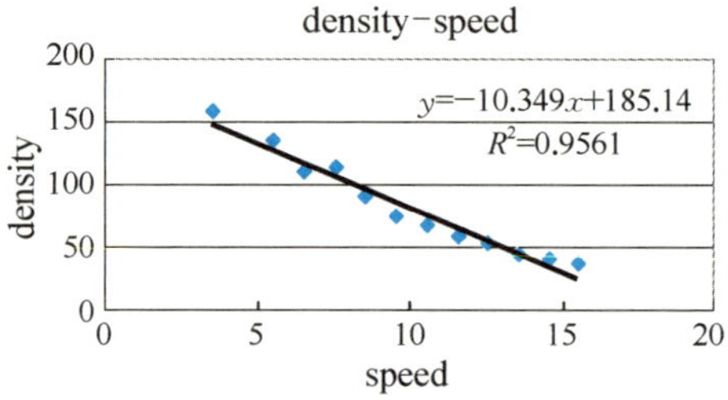

金陵东路

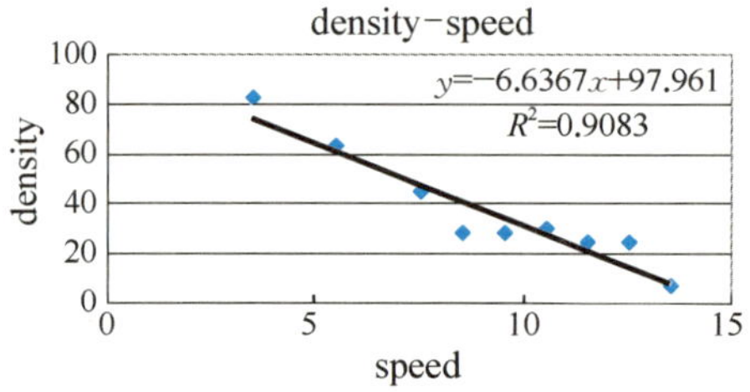

马当路

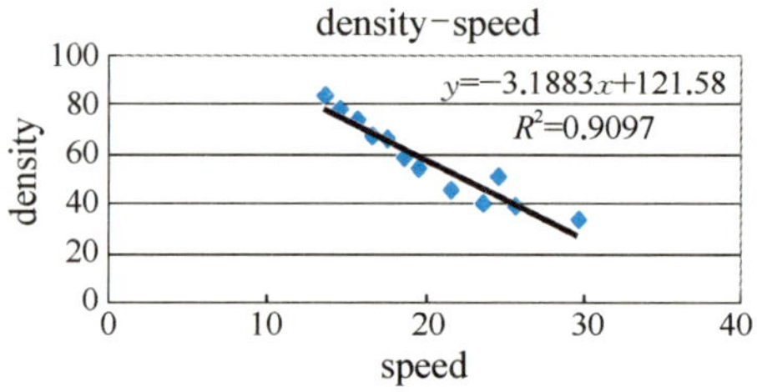

四平路

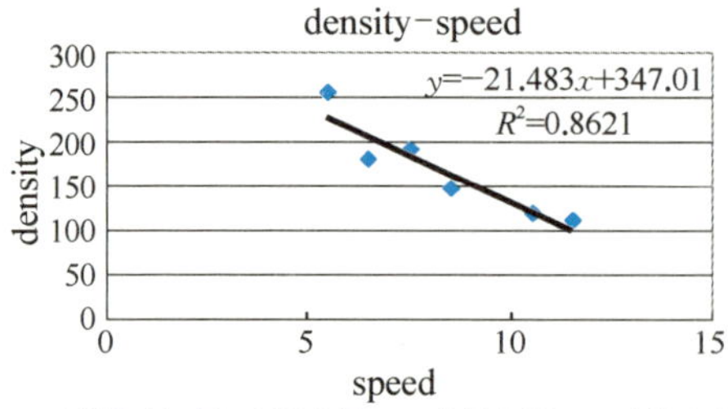

西藏路(包括西藏北路、西藏中路、西藏南路)

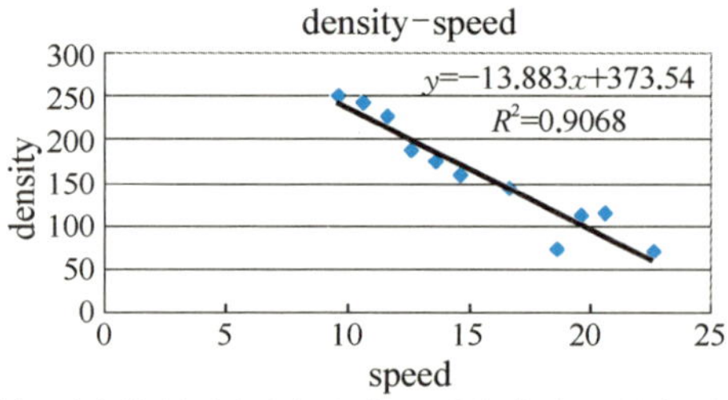

延安路(包括延安东路、延安中路、延安西路)

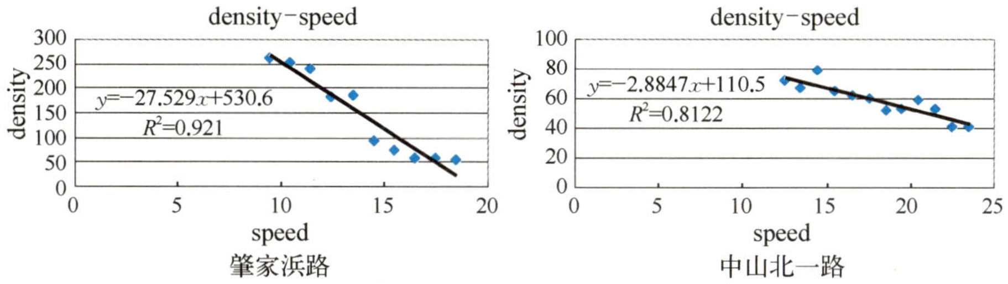

图 2-10　12 条道路交通流建模

表 2-2　相关系数分析

路　　名	调查数据量	R^2	R	$R_{99\%}$
周家嘴路	16	0.809	0.900	0.623
福 州 路	10	0.921	0.960	0.765
河 南 路	13	0.509	0.713	0.684
淮 海 路	10	0.832	0.912	0.765
建国西路	11	0.905	0.951	0.735
金陵东路	12	0.956	0.978	0.708
马 当 路	9	0.908	0.953	0.798
四 平 路	12	0.910	0.954	0.708
西 藏 路	6	0.862	0.928	0.917
延 安 路	11	0.907	0.952	0.735
肇家浜路	10	0.921	0.960	0.834
中山北一路	12	0.812	0.901	0.708

表 2-3　等效通行能力和相关参数汇总

道 路 名	V_c	等效通行能力	自由流车速	拥挤密度
	km/h	pcu/h	km/h	pcu/km
周家嘴路	24.4	1 330	48.8	120
福 州 路	12.2	1 180	26.4	179

续　表

道路名	V_c	等效通行能力	自由流车速	拥挤密度
	km/h	pcu/h	km/h	pcu/km
河南路	11.6	1 170	22.2	202
淮海路	15.3	1 190	30.6	156
建国西路	14.4	1 250	28.8	87
金陵东路	8.9	830	17.8	93
马当路	7.4	360	14.8	49
四平路	19.1	1 160	38.2	121
西藏路	8.1	1 400	16.2	346
延安路	12.5	2 510	27	372
肇家浜路	9.6	2 560	19.2	533
中山北一路	19.2	1 060	38.4	110

对北京路(包括北京东路、北京西路)进行的进一步调查和分析表明,用等效通行能力来表征城市道路单元的通行能力可以有效地表征交叉口间距的差异,结果如图 2－11 所示。

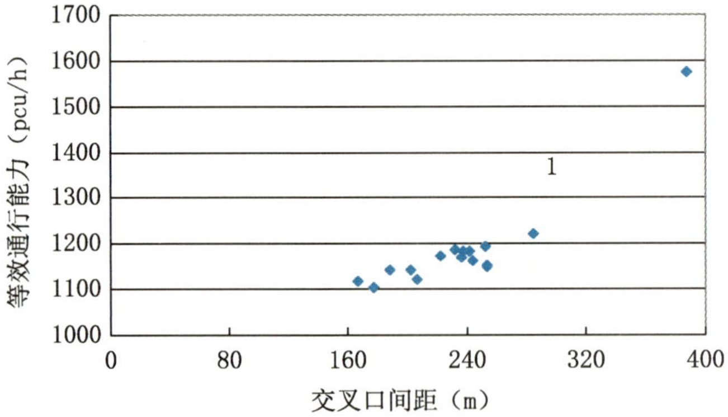

图 2－11　北京路等效通行能力随交叉口间距变化图

对同一条路不同区段等效通行能力的调查分析可以较好地减少其他因素的影响,而将交叉口间距这一因素突显出来。图 2－11 中,等效通行能力随交叉口间距的增大而增大，与前述道路单元适应最大流量随 N_0 的增大而增大的结果相一致，可以反映不同交叉口间距的差异。

3. 分析期长的确定

为了记录的方便，在调查时选用 5 min 作为记录周期，而对调查数据的分析周期则参考 HCM，选用 15 min。

4. 调查道路选择和长度确定

在调查时，一般选用多个连续路段作为调查对象。这是由于对于不同的调查段长度，记录人员的记录误差以及行程中受到随机干扰的可能性不同，调查得到的行程时间的变异性会不同。调查段过短，记录误差和随机干扰所带来的变异性会较大，这就需要增加调查数据量。考虑行程车速调查的经济性，希望能够用较少的调查车辆获得较为稳定的调查数据，因此有必要对调查段长度对行程车速调查变异性的影响进行研究。

由于对北京路的调查详细记录了车辆在各个路段的行程时间，通过对连续路段的组合，可以对不同长度道路行程时间数据的变异性进行分析。分析过程如下：

步骤 1：将若干连续路段组合成多条试验道路，整理得到其对应的试验车数据，包括行程起点、终点时间和行程时间；

步骤 2：取 15 min 的时间间隔，对组合成的各条试验道路在各个时段的行程时间数据进行变异性分析，选用变异系数作为分析指标：

$$VIA_{ij}=\sqrt{\sum_{k=1}^{n}(T_{ijk}-\overline{T}_{ij})^2/n-1}/\overline{T}_{ij} \tag{2-28}$$

式中　VIA_{ij}——第 i 条试验道路在第 j 个时段的行程时间变异系数；

T_{ijk}——在第 j 个时段内第 k 辆试验车在 i 试验道路上的行程时间；

$\overline{T}_{ij}$——第 i 条试验道路在第 j 个时段内通过的所有 n 辆试验车行程时间的平均值。

步骤 3：按道路长度对 VIA_{ij} 进行分组统计，采用 3σ 原则剔除异常数据点，得到不同长度道路对应的试验车行程时间调查数据变异性的平均值。

分析结果如图 2－12 所示。

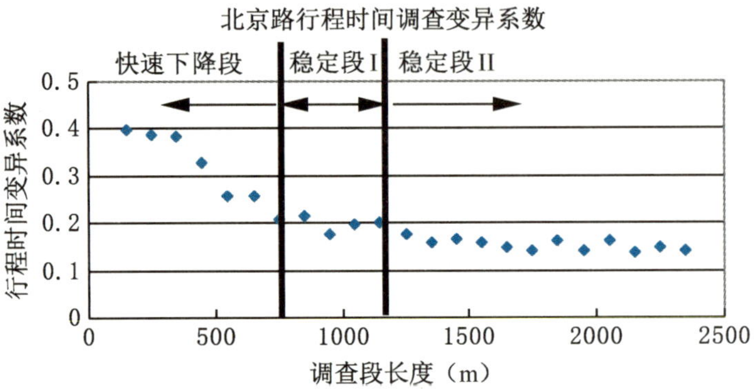

图 2－12　北京路行程时间调查变异性分析图

从结果可以看到，当调查段长度小于 800 m 时，行程车速的偏差较大，且随长度的增加而快速降低，当长度增长到 800 m，偏差的减小速度变缓，当大于 1 200 m 时，调查数据的偏差趋于稳定，在 0.15 左右。因此，调查时，应尽量选择长度大于 1 200 m 且属性均匀的路段，条件受限时，路段长度也应保证在 800 m 以上。

2.4　本 章 小 结

本章首先对已有道路通行能力的研究进行了分析，分析表明，采用道路上某一断面的通行能力作为整条道路通行能力的思想方法不适用于城市道路通行能力研究。随后，提出了“等效通行能力”的概念和理论解释，并对其现场调查方法、流-密-速模型选择、分析期长和调查道路长度的选择等问题进行了分析。初步调查的结果表明,等效通行能力的调查道路长度至少应大于 800 m,最好大于 1 200 m。对于调查数据可选用 15 min 作为分析期,采用线性的密度-速度关系模型进行分析。

第3章 等效通行能力影响因素分析方法

等效通行能力概念是基于实验交通工程学手段提出的。显然，在实际中，如均采用现场调查的方法确定其取值不仅十分烦琐，在规划和设计中也是难以应用的。因此，有必要对等效通行能力进行影响因素分析，给出不同道路、交通条件下的推荐值，这不仅可以方便其应用，也为后续路网层面评价指标的影响因素分析研究奠定了基础。本章将建立面向等效通行能力的影响因素分析方法，作为第 4 章进行影响因素分析的基础。

3.1 影响因素分析方法

HCM2000 中，将影响城市道路通行能力的因素总结为三个方面[14]，见表 3-1。

可见，影响因素很多，合理的分析方法很重要。传统的针对此类问题的思路通常有室内交通仿真和室外现场调查两种方法。采用前者，可人为地控制试验条件，使所有影响因素中只有一个不同，而其余全部相同，分析简单。然而，这种方法所得的结果往往与实际情况有较大的出入，这主要是由于，仿真过程中要对驾驶员的行为进行假定，而这通常很难与实际相

表3-1　HCM2000中的影响因素

分　类	包　含　因　素	分　类	包　含　因　素
道路环境因素	车道数 车道宽度 分隔类型 车辆出入口密度 信号灯交叉口间距 行人活动强度 限速标准	交通运行因素	交通密度 大车混入率 转弯比例
		信号控制因素	有无信号控制 信号灯周期长和绿信比 是否实时控制 是否线控或面控

符，需要进行现场标定，而对这些参数进行标定的过程本身也相当烦琐。另外，已有交通仿真软件中，对一些关键因素(如非机动车、中央分隔形式等)的考虑也较为薄弱。而如果采用后者，由于交通的特殊性，各种因素交互存在，实际中很难找到所有因素都相同，只有一个因素不同的多个样本，进行常规的分析，如何进行各种影响因素的剥离就成为这一方法成败的关键。针对这种情况，通常采用的解决方法是大规模地采集数据样本，采用一定的数学工具(如神经元网络法等)进行分析，确定各因素的影响。但交通调查需要耗费大量的人力、物力，且影响因素众多，离散性也较大，大规模采集数据在实际中难以实现，同时，神经元网络等方法很难给出各种影响因素的显示关系式，物理意义不明确。

因此，本书尝试采用目前在路面结构行为理论研究中提出的一种新的数据分析方法——分析-标定法[85]，将理论分析与现场调查数据标定结合起来，实现各种影响因素的剥离。所谓“分析”，是指有效地利用所掌握的理论知识(包括专业知识和数学知识等)，充分发挥研究人员的主观能动性，通过合适的途径建立理想模型；所谓“标定”，是指人们通过现场的观测数据，利用相应的分析工具，对理想模型的待定参数进行标定、修正和完善的过程。分析和标定是一个有机的整体，分析是关键，是进行标定的前提；标定是对分析结果必要的、有益的补充，使分析结果准确定量。

采用分析-标定法进行影响因素分析的思路如下：

1）建立理论分析的理想模型；

2）通过适当的调查，对模型的部分参数进行标定；

3）根据该模型的参数，选择合适的影响因素进行理论分析；

4）寻找合适的道路进行现场调查，利用前面建立的模型去除已有因素的影响，对其他影响因素进行逐一剥离；

5）进一步调查，对分析结果进行验证。

分析的技术路线如图 3－1 所示。

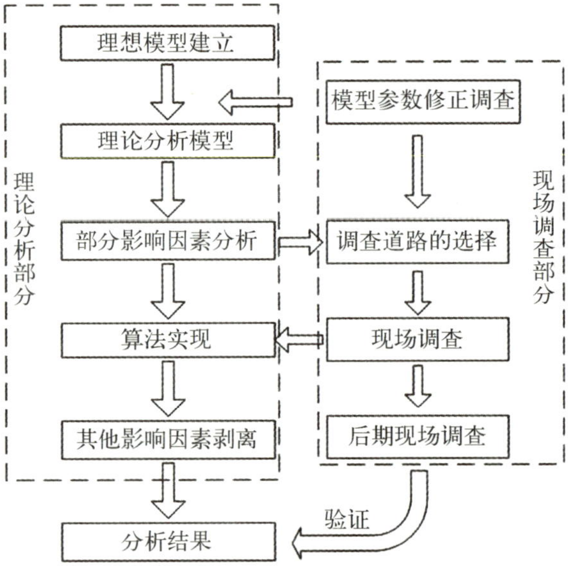

图 3－1　影响因素分析技术路线图

3.2　影响因素分析理想模型的建立

采用仿真的方法，用已有的较为成熟的理论对第 2 章中所述等效通行能力的调查过程进行模拟，模拟的过程见图 3－2。

容易看出，上述仿真过程的关键步骤是行程时间的计算。城市道路上

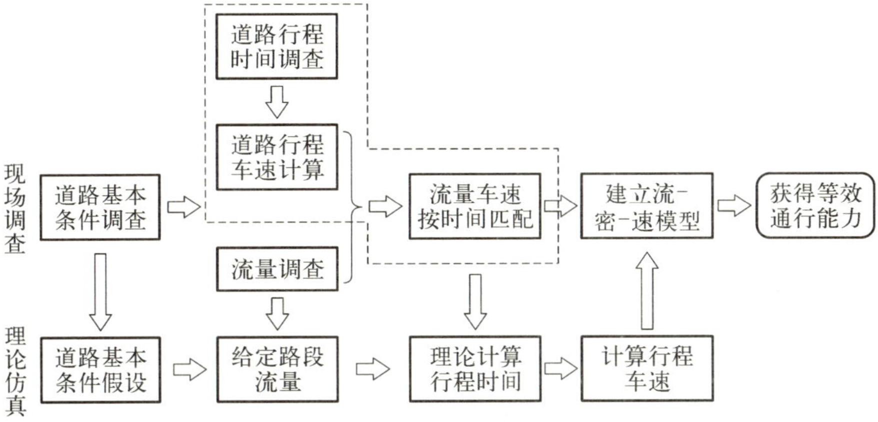

图 3-2　等效通行能力调查过程仿真示意图

车辆的行程时间 T_{sum} 包括路段行程时间 t_s 和交叉口延误 d_{sum} 两部分。

3.2.1　路段行程时间

路段行程时间是指在不考虑交叉口处交汇交通流干扰情况下，车辆在道路上正常行驶的时间。基于这一定义，路段行程时间可借鉴公路行程时间的计算方法。本研究采用较为简单的 Greenshields 的流-密-速模型来计算路段行程时间。推导过程如下：

Greenshields 的流-密-速模型的基本形式如下：

$$V = V_f \times (1 - K/K_j) \qquad Q = KV \tag{3-1}$$

式中　V_f——路段自由流车速；

K_j——路段单车道拥塞密度；

Q——单车道流量；

K——单车道密度；

V——速度。

推导得出

$$C_s = V_f K_j / 4$$
$$V = [V_f K_j \pm \sqrt{(V_f^2 K_j^2 - 4V_f K_j Q)}]/2 \tag{3-2}$$

式中，C_s为路段通行能力。

式中的正负符号代表相同交通流量下路段的两种不同的交通状态，正号代表畅通状态，负号代表拥挤状态。由于城市道路中，路段的拥挤状态通常是由交叉口信号灯控制产生的周期性排队造成的，这部分延误时间已在交叉口的控制延误中加以考虑，因此，这里只取其畅通状态。

$$t_S = 2 \times t_0 / (1 + \sqrt{1 - Q/C_s}) \tag{3-3}$$

式中，t_0为自由流行程时间，$t_0 = L/V_f$，L为路段长度。

3.2.2 交叉口延误时间

关于“延误”的研究，从 20 世纪四五十年代就开始了。人们提出各种各样的延误模型，主要包括：基于传统的排队理论的确定性排队模型、波动延误模型[Lighthill 和 Whitham (1955)以及 Richards(1956)首先提出]、稳态随机延误模型[Webster，1958 提出的模型应用最为广泛，而后其他人又提出了一些随机模型，包括：Miller (1963)，Newell (1960，1965)，McNeil (1968)和 Heidemann (1994)等]、基于时间的随机延误模型[由 Robertson 于 1979 年提出，Kimber 和 Hollis (1979)使用坐标转换技术进行了深化，Brilon and Wu，1990；Akcelik，1981，1988；Akcelik and Rouphail，1993；Fambro and Rouphail，1997]和微观仿真延误模型。其中，基于时间的随机延误模型因可获得较为合理的结果，而被纳入多国的通行能力手册，比如美国(TRB，1994，1997)；澳大利亚(Akcelik，1981)和加拿大(ITE，1995)等。上述几种延误模型的对比结果见图 3-3[74]。

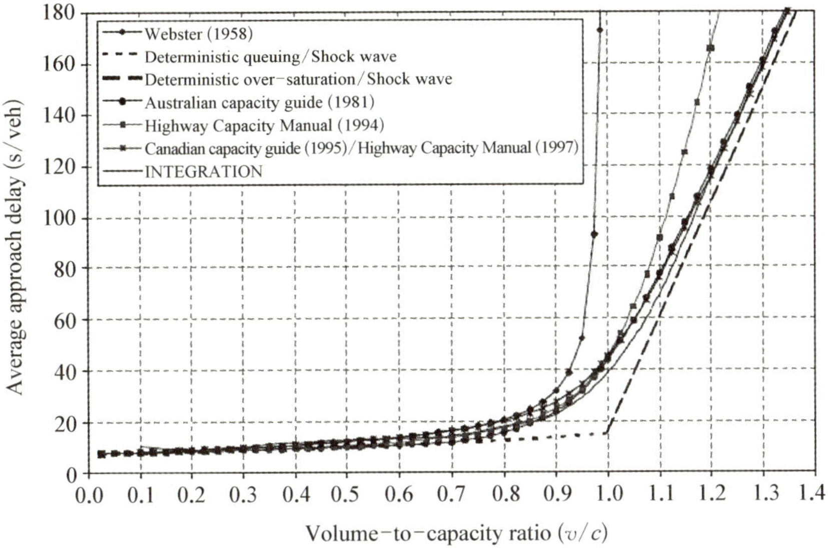

(a) 不同延误对比图

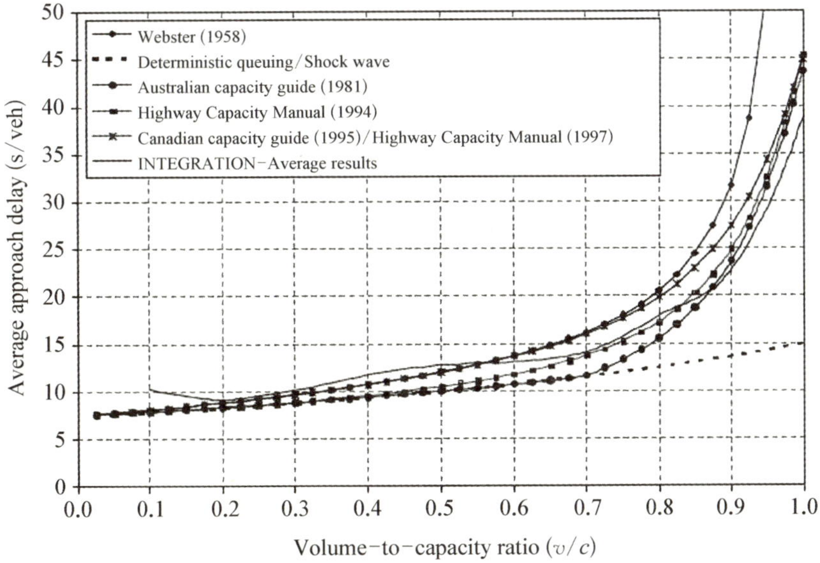

(b) 不同延误对比图

图 3-3

图 3-3 表明：

(1) 对低饱和度信号灯交叉口的延误估算，各模型基本一致。随饱和度增加，一致性趋势减弱。饱和度小于 0.2 时，不同模型的极差不超过 6.0%；0.4 时为 14.4%；大于 0.6 极差就超过 30%；

(2) 确定性模型和冲击波模型对延误的估计值最低。这是由于两个模型都只考虑均匀到达。模型不能考虑偶尔过饱和的随机性所带来的附加延误。另外，确定性和随机性模型在饱和度低时延误估算值类似。这就说明对于很低的饱和度情况，车辆到达的随机性可以忽略，也就是两类模型都可采用；

(3) 在饱和度小于 0.8 时，韦博斯特模型和加拿大《通行能力手册》1995 及 HCM1997 是完全相同的。韦博斯特和其他相似的稳态随机模型在饱和度为 1 时都是无效的；

(4) 澳大利亚《通行能力手册》和 HCM1994 对延误的估计都小于加拿大《通行能力手册》和 HCM1997；

(5) 各国通行能力手册的延误估计值基本一致。

对比结果显示，各国通行能力手册中所采用的基于时间的随机延误模型之间具有良好的一致性，且由于对交通流随机特性的考虑使其对延误的估计(尤其是过饱和状态下)更为合理。因此，这里最终选用了美国 HCM2000 中的延误计算公式：

$$d = d_1(PF) + d_2 + d_3 \tag{3-4}$$

式中 d_1——均匀到达车均延误(s/veh)；

PF——均匀到达的信号灯协调控制修正系数；

d_2——无初始排队情况下考虑车辆到达随机性的附加延误(s/veh)；

d_3——初始排队延误(s/veh)。

均匀到达延误项 d_1：

$$PF=\frac{(1-p)f_{PA}}{1-\frac{g}{C}} \tag{3-5}$$

式中　P——车辆绿灯时间到达比率；

$\frac{g}{C}$——信号灯绿信比；

f_{PA}——绿灯期间排队到达的补充修正系数。

$$d_1=\frac{0.5C\left(1-\frac{g}{C}\right)^2}{1-\left[\min(1,X)\frac{g}{C}\right]} \tag{3-6}$$

式中　C——信号灯周期时长(s)；

g——车道组有效绿灯时间(s)；

X——车道组饱和度。

随机到达附加延误项 d_2：

$$d_2=900T\left[(X-1)+\sqrt{(X-1)^2+\frac{8kIX}{cT}}\right] \tag{3-7}$$

式中　T——分析期时长(s)，通常取 15 min；

c——车道组通行能力(veh/hr)，$c=S\times\frac{g}{C}$；

S——车道组饱和流率(veh/hr)；

k——信号灯控制类型修正系数，固定配时时取值为 0.5；

I——上游信号灯交叉口影响修正系数。

初始排队延误项 d_3：

d_3的计算比较复杂，与分析期初始排队长度、过饱和时间长度、车道组通行能力等因素有关。

交叉口延误计算可取上述三项延误之和，这里为了简单起见，假设分析期均无初始排队，即 $d_3 = 0$。

三项延误均是针对某一车道组的，要计算某一进口道的车均延误，应将该进口道所有车道组延误按其流量进行加权平均。这里将其简化处理，即假设交叉口配时采用等延误原则，即各车道组车均延误相等，可用某一车道组（这里取直行车道组）的延误代表所在进口道的车均延误。

3.2.3 总行程时间

综上所述，车辆沿给定道路、交通和控制条件的道路直行，其所需行程时间的计算模型如下：

$$T_{sum} = t_s + \sum_{i=1}^{n} d_i \tag{3-8}$$

式中 d_i——n 个交叉口中第 i 个交叉口的车均延误；

按前述分析展开，得

$$T_{sum} = \sum_{i=1}^{n} \left\{ 2 \times L_i / [V_{fi}(1 + \sqrt{1 - Q/C_{si}})] + \left(\frac{0.5C_i\left(1 - \frac{g_i}{C_i}\right)^2}{1 - \left[\min(1,\ X_i)\frac{g_i}{C_i}\right]} \right)(PF) + 900T\left[(X_i - 1) + \sqrt{(X_i - 1)^2 + \frac{8k_i I_i X_i}{c_i T}}\right] \right\} \tag{3-9a}$$

变量和参数的意义如前。

在理论计算中，假设仿真道路中各路段和交叉口的基本条件相同，则上式可写为式(3-9b)。

$T_{sum} =$

$$n\times\left\{2\times L/[V_f(1+\sqrt{1-Q/C_s})]+\left(\frac{0.5C\left(1-\frac{g}{C}\right)^2}{1-\left[\min(1,X)\frac{g}{C}\right]}\right)(PF)+\right.$$

$$\left.900T\left[(X-1)+\sqrt{(X-1)^2+\frac{8kLX}{cT}}\right]\right\} \tag{3-9b}$$

式中，Q为自变量，其余为参数。

3.2.4　理想模型的建立

由式(3-9)可得

$$V_{sum}=\sum_{i=1}^{n}L_i/T_{sum}=f_V(Q,L,V_f,C_s,PF,C,g,c,k,I) \tag{3-10}$$

式中　V_{sum}——仿真行程车速。

对应密度为

$$k_{sum}=Q/V_{sum} \tag{3-11}$$

根据前面章节的叙述，取用线性的等效通行能力速密模型，则应有

$$V'_{sum}=V_{fe}\left(1-\frac{k_{sum}}{k_{je}}\right)=V_{fe}\left(1-\frac{Q}{V_{sum}k_{je}}\right)=f'_V(Q) \tag{3-12}$$

V'_{sum}为基于线性假设条件下，由流量 Q 得到的行程车速的计算值，V_{fe}和k_{je}为等效自由流车速和等效阻塞密度。由此，最终建立的理想模型如下：

$$\min Z=\int_0^{C_S}(V'_{sum}-V_{sum})^2\mathrm{d}Q \tag{3-13}$$

预先给定 L_i、V_{fi}、C_{si}、PF、C_i、g_i、C_i、k_i、I_i等一系列道路交通条

件，求解该最优化问题，得出 V_{fe} 和 k_{je} 两个参数，即得到了给定道路交通条件下道路的等效通行能力线性模型，可由此计算道路的等效通行能力 C_e。

3.3 模型参数和变量分析

3.3.1 参数分析

理想模型涉及参数众多，各个参数之间并不是完全独立的，应考虑其交互作用，划分不同的分析层次。其中，L 为基本道路属性参数，PF、C、g、k 和 I 为基本交通控制属性参数，而 V_f、C_s、c 则是由上述各参数以及此外的其他一些参数决定的，如与模型中的参数相独立取值，将与实际情况产生偏差。

1. 路段自由流车速——V_f

通过第 2 章所述的交通仿真试验和现有各国通行能力手册中对通行能力取值的选取过程分析可以发现，交通流模型的三个参数中，V_f 反映了驾驶员对道路交通情况的直观感受和相应的反应，是 C_s 和 k_j 的决定因素。V_f 的取值不但与路段断面的基本属性有关，也与路段断面距瓶颈断面的距离息息相关，而这在城市道路中即反映为与 L 息息相关。而 PF、g_i、k、I 等参数主要对交叉口产生影响，为简化模型，这里忽略其对 V_f 的影响。设影响 V_f 的参数集合为 R_V，则 V_f 可表示为

$$V_f = f_1(L,\ F_k) \quad F_k \in R_V \text{ 且 } F_k \neq L \tag{3-14}$$

式中，F_k 为除 L 以外影响 V_f 的其他因素。

为此，本研究针对交叉口间距对路段自由流车速的影响进行了调查分析。

假设交叉口间距因素与其他影响因素相互独立，其他影响因素变化时，路段自由流车速随交叉口间距变化的幅度不变。基于这一假设，对交叉口间距对路段自由流车速的影响幅度进行了实际调查。

1）调查方法和内容

参考 HCM2000 中给出的方法，本研究选用试验车测速法。调查时间选择道路上车辆较少的零点到凌晨四点间，认为此时的车速即为自由流车速。调查设备采用车载全球定位系统(GPS)进行，并配合掌上电脑（Personal Digital Assistant，PDA）进行数据的读取和记录。

调查以一个路段及其连接交叉口（即第 2 章所述城市道路单元）作为一个研究对象，调查内容除 HCM2000 中要求的路段中点车速外，还要求记录“最大车速”，以期能够更全面地反应该城市道路单元的自由流车速。

调查前，首先应当进行现场踏勘，预先确定该道路单元的中点位置，记录其特征以方便辨识。调查时，试验车在调查道路上正常行驶，在道路起终点掉头。每辆试验车上应安排至少两名调查人员，一名负责从 PDA 上读取中点车速和最大车速，另一名则负责记录和通报车辆位置。前一名调查人员分别在其听到车辆到达中点和交叉口时，报出中点车速和最大车速。

2）调查道路的选择

为了尽量减少其他因素对自由流车速的影响，应选择除交叉口间距外其他条件基本类似的道路进行调查，且调查道路不应仅包含一个道路单元，总长度不宜过短，以减少车辆掉头时加减速所带来的影响。

这里选取周家嘴路和沪太路两条道路进行此项调查，调查道路各路段的基本条件列于表 3－2 中。

表 3-2 调查道路基本条件

路名	起点交叉口	终点交叉口	长度	中央分隔形式	路段单向车道数	有无非机动车	机非分隔形式
周家嘴路	新建路	海伦路	53	物理	3	有	物理
	海门路/丹徒路	公平路	111	物理	3	有	物理
	安国路	保定路	228	物理	3	有	物理
	保定路	安国路	228	物理	3	有	物理
	公平路	海门路/丹徒路	111	物理	3	有	物理
	海伦路	新建路	53	物理	3	有	物理
	江浦路	长浜路、兰州路	324	物理	3	有	物理
	隆昌路	双阳路	565	物理	3	有	物理
	双阳路	隆昌路	565	物理	3	有	物理
	长浜路、兰州路	江浦路	324	物理	3	有	物理
沪太路	宜川路	广中西路	608	物理	3	有	物理
	广中西路	灵石路	338	物理	3	有	物理
	灵石路	沪太支路/新沪	1 124	物理	3	有	物理
	沪太支路/新沪	灵石路	1 124	物理	3	有	物理
	灵石路	广中西路	338	物理	3	有	物理
	广中西路	宜川路	608	物理	3	有	物理
	上大路	陈太路/锦秋路	883	物理	3	有	物理
	陈太路/锦秋路	上大路	883	物理	3	有	物理

选择道路除交叉口间距外，其余条件一致。

3）调查结果

采用上述方法调查得到上述路段的中点车速和最大车速，并对调查数据进行整理，结果如图 3-4 所示。

采用二次多项式进行回归，可以得到：对于中点车速，交叉口间距为 916 m 时增长趋势减为 0；对于最高车速，交叉口间距为 1 105 时，增长趋势减为 0。近似取 1 000 m 作为交叉口间距对路段自由流车速影响的上边

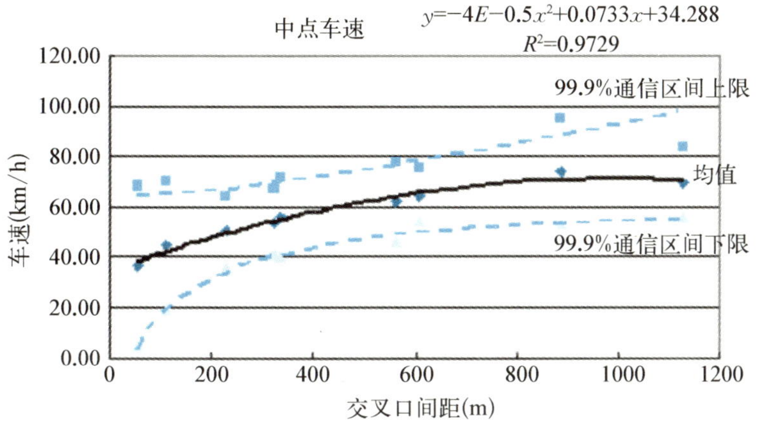

图 3－4(a)

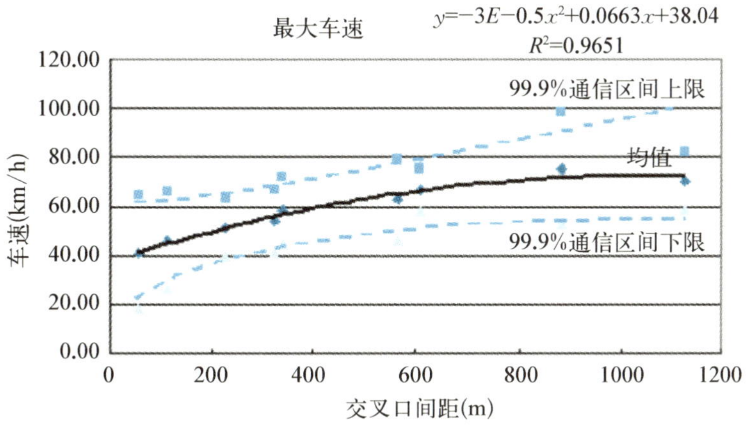

图 3－4(b)

界，根据实际情况取 50 m 为下边界，根据图 3－4，得到交叉口间距对路段自由流车速的影响，见表 3－3。

表 3－3　路段自由流车速调查结果

间距(m)	中点车速(km/h)	最大车速(km/h)	速度变化幅度(近似)(km/h)
50	38	41	30
1 000	68	74	

从上述分析可以认为，交叉口间距的有效影响范围为 50～1 000 m，对路段自由流车速的影响幅度约 30 km/h。

近似取用线性分段函数来表征交叉口间距对 V_f 的影响，即

$$V_f=\begin{cases}V_{f1\,000}-30 & L\leqslant 50\text{ m}\\ V_{f1\,000}-\dfrac{30}{950}(1\,000-L) & 50\text{ m}\leqslant L\leqslant 1\,000\text{ m}\\ V_{f1\,000} & L\geqslant 1\,000\text{ m}\end{cases}\tag{3-15}$$

式中，$V_{f1\,000}$ 为交叉口间距为 1 000 m 时路段的自由流车速，$V_{f1\,000}>30$，该车速由影响自由流车速的其他参数确定，即

$$V_{f1\,000}=f_2(F_k)\quad F_k\in R\text{ 且 }F_k\neq L\tag{3-16}$$

由此，V_f 可进一步写成

$$V_f=f_1(L,\ F_k)=\begin{cases}f_2(F_k)-30 & L\leqslant 50\text{ m}\\ f_2(F_k)-\dfrac{30}{950}(1\,000-L) & 50\text{ m}\leqslant L\leqslant 1\,000\text{ m}\\ f_2(F_k) & L\geqslant 1\,000\text{ m}\end{cases}\tag{3-17}$$

2. 路段通行能力假设——C_s

由前面的分析可以看到，在 Greenshields 模型假设下，有

$$C_s=V_fK_j/4\tag{3-18}$$

这里参考 HCM2000 对这一关系进行假设。认为随交叉口间距的增大，城市道路和公路的差异减小。由上面分析可知，当交叉口间距大于 1 000 m时，其自由流车速不再受交叉口间距影响。因此可假设此时城市道路路段已与公路无异，进而可将公路的自由流车速、通行能力和阻塞密度作为城市道路路段在 $L\geqslant 1\,000$ 时的 $V_{f1\,000}$，C_s 和 k_j。

这里简单地选取 HCM2000 中多车道公路的相关推荐值，并在 Greenshields 模型假设前提下，计算得到对应的阻塞密度，见表 3-4。本研究以此作为城市道路路段 $V_{f1\,000}$、C_s 和 k_j 三者的对应关系假设。

表 3-4 HCM2000 多车道公路服务流量推荐值

自由流车速 $V_{f1\,000}$ (km/h)	E 服务水平对应服务流量 C_s (veh/h)	计算阻塞密度 k_j (veh/km)
100	2 200	88
90	2 100	93
80	2 000	100
70	1 900	109

注：服务水平为 E 时，对应最大饱和度为 1.0，此时，服务流量即为通行能力。

将 $V_{f1\,000}$ 和 k_j 进行简单回归，结果如图 3-5 所示。

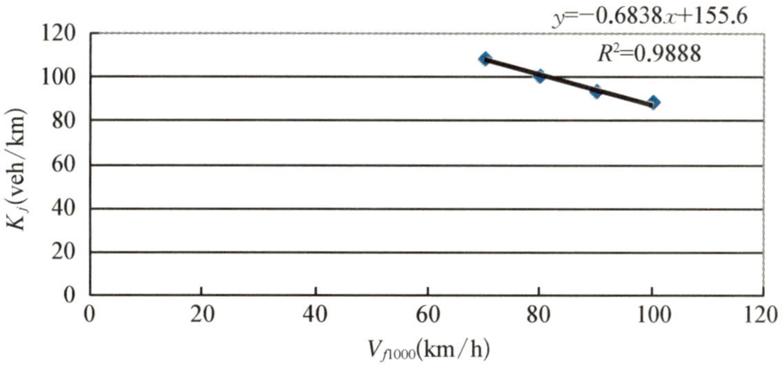

图 3-5 k_j 与 $V_{f1\,000}$ 关系的简单回归

由图 3-5，假设 k_j 与 $V_{f1\,000}$ 具有良好的线性关系：

$$k_j = aV_{f1\,000} + b \tag{3-19}$$

式中，a、b 为给定常数，$a < 0$，$b > 0$，可根据交叉口间距较大时的自由流车速和通行能力的推荐值，按上述过程进行标定，本研究暂取用表 3-4 的结果，取 $a = -0.683\,8$，$b = 155.6$。

根据第2章仿真试验的结果，进一步假设 k_j 与 L 无关，由式(3－19)计算所得 k_j 亦可用于 $L \leqslant 1\,000$ 的情况。由此，给定 $V_{f1\,000}$，可由式(3－17)—式(3－19)计算得到 C_s。

3. 交叉口通行能力假设——c

c 的计算式如下：

$$c = S \times \frac{g}{C} \tag{3-20}$$

可见 c 由交叉口进口车道饱和流率和信号灯配时有关。本研究对这一参数进行简化处理，近似取 $S = C_s$。

3.3.2 变量分析——Q

Q 的准确含义应为交通需求量，与路段或断面流量含义不同，当需求量大于通行能力时，流量会小于 Q。而由前面等效通行能力的调查和建模过程可以看出，在等效通行能力的确定过程中，所使用的是路段上距下游交叉口一定距离处 L_0(通常是中点，即 $|L_0| = L/2$)的流量变量，而非需求量。因此，当路段该位置处流量不再是到达量时，理论计算的结果就不会在实际观测中出现。为使理论计算模型能够更准确地模拟实际调查情况，有必要对 Q 进行分析。这里采用交通流的流体动力学模拟理论，对 Q 的取值范围加以限制。

车流中密度不同的两部分的分界面从前车移动到后车并沿道路传播的现象，称为车流的波动。此分界面称为车流波，车流波沿道路传播的速度称为波速。车流由低密度集结成高密度过程中所形成的波称为集结波，由高密度疏散而变成低密度车流的过程中所形成的波称为疏散波。波速公式表示为

$$\omega = \frac{Q_1 - Q_2}{K_1 - K_2} \tag{3-21}$$

式中　ω——波速；

Q_1和Q_2——车流密度为K_1和K_2的两部分的对应流量。

因此，车流遇到红灯所形成的波为集结波，绿灯启亮后车辆陆续启动所形成的波为消散波，交叉口前车流的集散过程如图 3-6 所示。x为车辆位置，$x=0$为交叉口断面，t为时间。$\overline{OA}$为红灯时间，设为r；A时刻之后为绿灯时间。N条折线表示前面排过队的N辆车的行驶动态。集结波波速设为$\omega_{停}$，疏散波波速设为$\omega_{起}$。从图中可以看出，当$|\omega_{起}|>|\omega_{停}|$时，发生较晚的$\omega_{起}$（沿$AB$传播）终归会追上发生较早的$\omega_{停}$（沿$OB$传播）而相会合于$B$点，停车排队车辆消散结束，车流波消失，设此时对应时间为$\overline{OD}=\overline{OA}+\overline{AD}=r+t_{AB}$，对应位置为$|L_m|$。

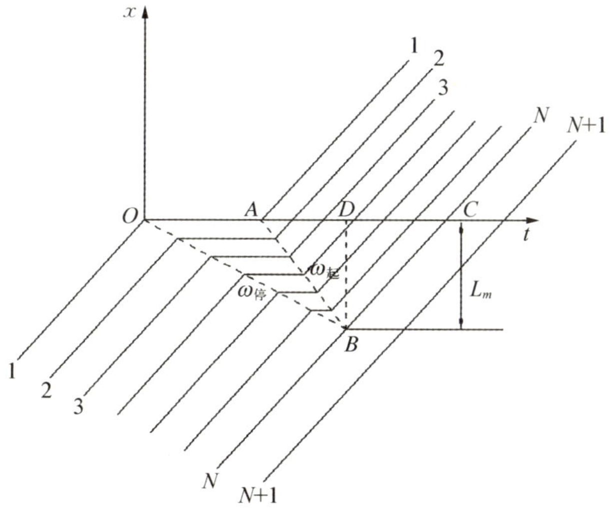

图 3-6　交叉口前车流集散过程示意图

由前面的分析可以看出，只要保证理论计算模型中，在到达量Q下，集散波消失的位置$|L_m|\leqslant|L|$，则车流Q可以稳定地进入路段，当$Q\leqslant c$时Q即等同于L_0处的流量；而当$Q>c$时，不但应保证$|L_m|\leqslant|L|$，还应保证分析期内的最后一个周期开始时车辆的初始排队长度$L_{T-C}\leqslant L_0$，这

样，在 Greenshields 模型假设下，理论计算就可以很好地模拟现场调查过程。

对 $|L_m|$ 的推导应分 $Q \leqslant c$ 和 $c < Q \leqslant C_S$ 两种情况，$|L_m|$ 的表达式如下：

$$|L_m| = \begin{cases} |\omega_{起}|t' & Q \leqslant c \\ L_{T-C} + |\omega_{起}|t' & c < Q \leqslant C_S \end{cases} \tag{3-22}$$

$|L_m|$ 的推导过程如下：

假设车流在路段和交叉口处的流-密-速关系服从相同的 Greenshields 模型，则有

集结波：

当流量为 Q 时，路段的车流密度 k_s 可表示为

$$k_s = \frac{k_j}{2}\left(1 - \sqrt{1 - \frac{Q}{C_S}}\right) \tag{3-23}$$

红灯期间，交叉口断面对应的流量 Q_i 和密度 k_i 如下：

$$Q_i = 0$$
$$k_i = k_j \tag{3-24}$$

由前面波速公式，则有

$$|\omega_{停}| = \frac{Q - Q_i}{k_i - k_s} = \frac{Q}{k_j - \frac{k_j}{2}\left(1 - \sqrt{1 - \frac{Q}{C_S}}\right)} \tag{3-25}$$

$$k_j = \frac{4C_S}{V_f}$$

两式联立，得

$$|\omega_{停}| = \frac{V_f}{2}\left(1 - \sqrt{1 - \frac{Q}{C_S}}\right) \tag{3-26}$$

消散波：

车流起动时的流量为饱和流率 $S=C_S$，根据 Greenshields 模型，对应密度应为 $K_j/2$；排队部分的车流量为 0，对应密度为 k_j，则有

$$|\omega_{起}|=\frac{C_S-0}{k_j-\dfrac{k_j}{2}} \tag{3-27}$$

$$k_j=\frac{4C_S}{V_f}$$

两式联立，可得

$$|\omega_{起}|=\frac{V_f}{2} \tag{3-28}$$

集散波消失：

由

$$|\omega_{停}|\times(t'+r)=|\omega_{起}|\times t' \tag{3-29}$$

得

$$\frac{V_f}{2}\times\left[1-\sqrt{1-\frac{Q}{C_S}}\right](r+t')=\frac{V_f}{2}\times t' \tag{3-30}$$

即

$$t'=\frac{1-\sqrt{1-\dfrac{Q}{C_S}}}{\sqrt{1-\dfrac{Q}{C_S}}}r \tag{3-31}$$

过饱和情况下的 L_{T-C} 计算：

考虑到分析期内的信号灯周期数可能为非整数，因此，这里偏安全地取用：

$$L_{T-C}=\frac{(Q-c)T}{k_j} \tag{3-32}$$

排队长度 L_m 计算：

$$|L_m|=\begin{cases}\dfrac{V_f}{2}\times\dfrac{1-\sqrt{1-\dfrac{Q}{C_S}}}{\sqrt{1-\dfrac{Q}{C_S}}}r & Q\leqslant c\\[2ex] \dfrac{(Q-c)T}{K_j}+\dfrac{V_f}{2}\times\dfrac{1-\sqrt{1-\dfrac{Q}{C_S}}}{\sqrt{1-\dfrac{Q}{C_S}}}r & c<Q<C_S\end{cases} \tag{3-33}$$

式(3－33)可写为

$$|L_m|=f_L(Q)=\frac{\max(0,\ Q-c)T}{K_j}+\frac{V_f}{2}\times\frac{1-\sqrt{1-\dfrac{Q}{C_S}}}{\sqrt{1-\dfrac{Q}{C_S}}}r\quad Q<C_S \tag{3-34}$$

Q 的取值范围：

易知，$|L_m|=f_L(Q)$ 为 Q 的单调递增函数，其存在单调递增的反函数，设为 $Q=f_L^{-1}(|L_m|)$，由 $|L_m|\leqslant|L|$，则有 $Q_{\max1}=f_L^{-1}(L)$。

又由 $L_{T-C}\leqslant L_0$，取 $|L_0|=L/2$，则有 $Q_{\max2}=c+\dfrac{Lk_j}{2T}$。

因此有

$$Q_{\max}=\min\left(f_L^{-1}(L),\ c+\frac{Lk_j}{2T},\ C_S\right) \tag{3-35}$$

Q 的取值范围应为$[0, Q_{\max}]$。

3.4　理论分析模型的建立

将上述对理想模型的参数和变量分析的结果分别作为模型输入的约束条件加入式(3-13)，得到最终的理论分析模型如下：

$$\min Z = \int_0^{Q_{\max}} [f'_V(Q) - f_V(Q)]^2 \mathrm{d}Q \tag{3-36a}$$

式中，$f_V(Q) = nL/T_{sum}$，　(3-36b)

$$f'_V(Q) = V_{fe}\left(1 - \frac{Q}{f_V(Q)k_{je}}\right) \tag{3-36c}$$

$$Q_{\max} = \min\left(f_L^{-1}(L), c + \frac{Lk_j}{2T}, C_S\right) \tag{3-36d}$$

$$T_{sum} = n \times \left\{2 \times L/[V_f(1+\sqrt{1-Q/C_s})] + \left(\frac{0.5C\left(1-\frac{g}{C}\right)^2}{1-\left[\min(1, X)\frac{g}{C}\right]}\right)(PF) + 900T\left[(X-1)+\sqrt{(X-1)^2+\frac{8kIX}{cT}}\right]\right\} \tag{3-36e}$$

$$f_L(Q) = \frac{\max(0, Q-c)T}{k_j} + \frac{V_f}{2} \times \frac{1-\sqrt{1-\frac{Q}{C_S}}}{\sqrt{1-\frac{Q}{C_S}}}r \tag{3-36f}$$

$$V_f = \begin{cases} V_{f1\,000} - 30 & L \leqslant 50 \text{ m} \\ V_{f1\,000} - \dfrac{30}{950}(1\,000 - L) & 50 \text{ m} \leqslant L \leqslant 1\,000 \text{ m} \\ V_{f1\,000} & L \geqslant 1\,000 \text{ m} \end{cases}$$

(3-36g)

$$k_j = aV_{f1\,000} + b, \text{暂取用 } a = -0.683\,8,\ b = 155.6 \quad (3-36\text{h})$$

$$C_S = V_f k_j / 4 \quad (3-36\text{i})$$

$$c = S \times \frac{g}{C}, \text{近似取 } S = C_S \quad (3-36\text{j})$$

$$X = Q/c \quad (3-36\text{k})$$

T=15 min。各参数意义同前。

该模型的基本输入参数有：$V_{f1\,000}$、L、g、C、PF、k 和 I。由前面的分析可知，$V_{f1\,000}$ 取决于模型未能包括的其他一些参数，即 $V_{f1\,000} = f_2(F_k)\ F_k \in R_V$ 且 $F_k \neq L$；L、g、C、PF、k 和 I 则表征了基本的道路交通条件。因此，每一组参数的输入均表征了一类道路交通条件，求解该模型，得到该条件下对应的 V_{fe} 和 K_{je}，进而得到 C_e。

3.5 理论分析模型的求解

对模型中的 Q 离散化，取步长为 ΔQ，则式(4-31a)转化为

$$\min Z = \sum_{i=1}^{n} [f'_V(Q_i) - f_V(Q_i)]^2 \Delta Q \quad (3-37)$$

ΔQ 越小，式(3-37)与式(3-36)就越接近。由 $\Delta Q > 0$，式(3-37)等价于式(3-38)。

$$\min Z = \sum_{i=1}^{n}[f'_V(Q_i) - f_V(Q_i)]^2 \tag{3-38}$$

由 Q_i 和上述模型的输入参数，根据模型，可计算得到 Q_i 对应的 $f_V(Q_i)$ 值。取 $x_i = Q_i/f_V(Q_i)$，$y_i = f_V(Q_i)$，则式(3-38)可写为

$$\min Z = \sum_{i=1}^{n}\left[V_{fe}\left(1 - \frac{x_i}{K_{je}}\right) - y_i\right]^2 \tag{3-39}$$

可见，通过对 Q 进行离散化处理，模型的求解可转化为对一元线性回归问题的最小二乘法求解，从而简化了模型的求解过程。

由此，可采用“增量加载”的方法，达到对 Q 进行离散化处理的目的，对模型进行求解。求解的具体过程如下：

步骤 1：模型参数输入，包括 $V_{f1\,000}$、L、g、C、PF 和 k，代入式(3-36g)—式(3-36k)中，计算相应的参数，同时给出 ΔQ，这里取为 10 veh/h，并设 $m=1$，$Q_0 = 0$ veh/h；

步骤 2：$Q_m = Q_{m-1} + \Delta Q$，将 Q_m 和上述输入参数代入式(3-36k)、式(3-36e)和式(3-36b)，求得 Q_m 对应的 $f_V(Q_m)$ 值。取 $x_m = Q_m/f_V(Q_m)$，$y_m = f_V(Q_m)$；

步骤 3：计算式(3-36f)，如 $f_L(Q_m) > L$ 或 $Q_m > c + \dfrac{LK_j}{2T}$ 或 $Q_m > C_S$，则转到 步骤 4，否则，令 $m = m+1$，转到步骤 2；

步骤 4：令 $n = m$，求解式(3-39)，得到 V_{fe} 和 K_{je}。

一元线性回归问题的最小二乘法求解过程可参见文献[86]，这里从略。

3.6　本章小结

本章首先给出了等效通行能力影响因素分析的方法程序——分析-标

定法，指出应当采用理论分析与现场调查数据标定相结合的方法进行分析。针对理论分析部分，本章建立了用于影响因素分析的理想模型。而后，对理想模型中的参数取值进行了调查标定和合理假设，并采用交通流的流体动力学模拟理论对变量的取值范围进行了分析。其中，对路段自由流车速的初步调查表明，交叉口间距对其有显著影响，当交叉口间距在 50～1 000 m 范围内变化时，随间距的增加，路段自由流车速增加，变化幅度约为 30 km/h。而当交叉口间距大于 1 000 m 时，其对路段自由流车速的影响很小。

最后，基于参数和变量分析结果，对理想模型进行了改进，得到了等效通行能力影响因素理论分析模型，并给出了求解方法。

第4章 等效通行能力和等效自由流车速影响因素分析

本章首先采用第 3 章建立的理论分析模型，对模型中涉及的六个基本参数对等效通行能力和等效自由流车速的影响进行了分析。基于该分析结果，采用现场调查法初步标定了“非机动车”的影响。

4.1 基于理论分析的影响因素剥离

设影响等效通行能力的所有因素的集合为 R，根据第 3 章所建立的理论分析模型，取集合 $R_T=\{L,\ g,\ C,\ PF,\ k,\ I\}$，显然有 $R_T\subset R$。由此，令$\overline{R}=R-R_T$，则$\overline{R}$表示所有未被理论分析模型包含的影响等效通行能力的因素的集合。设 F 为影响等效通行能力的任一因素，若 $F\in R_T$，则 F 为理论分析模型的输入参数，可利用模型采用理论分析的方法研究其影响；若 $F\in\overline{R}$，则可采用现场调查和理论分析相结合的分析标定法，确定其影响。显然，这一过程应建立在对 R_T 中因素影响分析的基础上。因此，这里首先基于理论分析模型，对 R_T 中六个因素的影响逐一进行分析。

4.1.1 等效通行能力影响因素分析

1. 理论分析标准条件

进行因素影响分析，首先应当选定一种道路交通状况作为其标准条件。

对于 R_T 中六个因素选择的标准条件如下：

$L_0 = 1\,000$ m；

$\left(\dfrac{g}{C}\right)_0 = 0.5$；

$C_0 = 150$ s；

$PF_0 = 1$　到达类型为均匀到达，信号灯间无协调控制；

$k_0 = 0.5$　非实时控制；

$I_0 = 1$　交叉口间相互独立。

对于 $\overline{R}$ 中的因素，由前面的模型参数分析可知，模型中 1 000 m 交叉口间距的路段自由流车速 $V_{f1\,000}$ 的不同取值，可以反映 $\overline{R}$ 中因素的影响，即有 $\overline{R} = R_V - \{L\}$。因此，可以通过在模型中取用不同的 $V_{f1\,000}$ 值，来得到不同因素 $F'(F' \in \overline{R})$ 取值条件下 R_T 中因素的影响。

根据上述分析，设标准条件下，道路的等效通行能力为 $C_{e0,\,\overline{R}}$，则有

$$C_{e0,\,\overline{R}} = f\left[L_0,\ \left(\frac{g}{C}\right)_0,\ C_0,\ PF_0,\ k_0,\ I_0,\ V_{f1\,000}\right] \tag{4-1}$$

可见，$C_{e0,\,\overline{R}}$ 是 $V_{f1\,000}$ 的函数，将其记为 $C_{e0,\,V_{f1\,000}}$ 这一变量正是后续剥离 $\overline{R}$ 中因素影响的基础。

2. 交叉口间距影响分析

计算 $V_{f1\,000}$ 分别取用 60、70、80、90、100 五种输入值情况下，不同交叉口间距 L 对应的等效通行能力 $C_{e,\,V_{f1\,000},\,L}$ 值，其余参数的输入值取用标准

条件值。

L 的分析范围应根据实际城市道路的交叉口间距分布而定。对上海市中心城道路网交叉口间距的分析结果表明，在 9 146 条路段中，长度在 50 m 和 2 000 m 之间的路段数为 8 788 条，占总数的 96%，因此，这里对 L 的分析范围取用 [50, 2 000]。以 50 m 为步长，不断变化 L 取值，对每一组输入参数的模型进行求解，得到的结果见图 4-1。

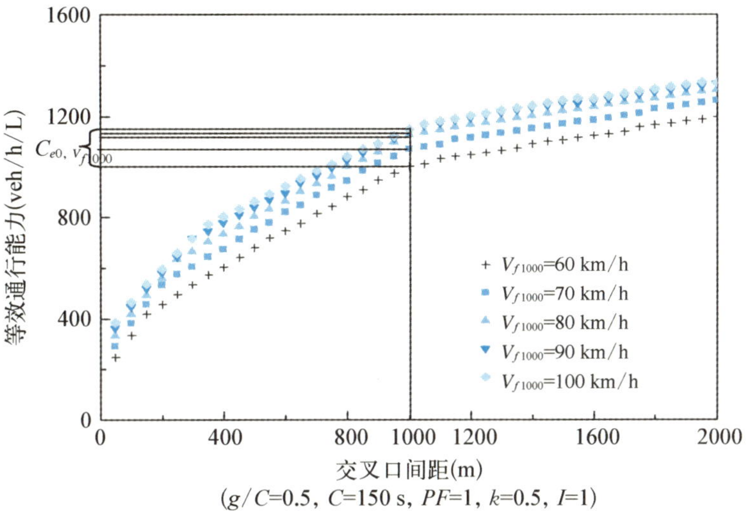

图 4-1　交叉口间距对等效通行能力绝对值的影响

从图 4-1 可以看到，等效通行能力随交叉口间距的增加而增长，且增长幅度逐渐减缓。在交叉口间距 50～2 000 m 间，等效通行能力的增长值可达近 1 000 veh/h/L，约为标准条件下等效通行能力的 100%，可见交叉口间距的影响十分显著。

从图 4-1 还可以看到，五组数据基本平行。由此可知，在不同的 $V_{f1\,000}$ 取值[即不同的 $F'(F' \in \overline{R})$]下，等效通行能力的增长趋势近似相同，只要垂直平移数据点，使其重合，便可将不同的 $F'(F' \in \overline{R})$ 下交叉口间距对等效通行能力的影响统一成一种。

由前面标准条件的设置可知，1 000 m 交叉口间距所对应的五组数据的数据值为 $C_{e0,\,V_{f1\,000}}$，如图所示。定义由交叉口间距带来的等效通行能力的增量为 $\Delta C_{e,\,V_{f1\,000},\,L}$：

$$\Delta C_{e,\,V_{f1\,000},\,L} = C_{e,\,V_{f1\,000},\,L} - C_{e0,\,V_{f1\,000}}$$

对五组数据分别计算相应的 $\Delta C_{e,\,V_{f1\,000},\,L}$，结果如图 4-2 所示。

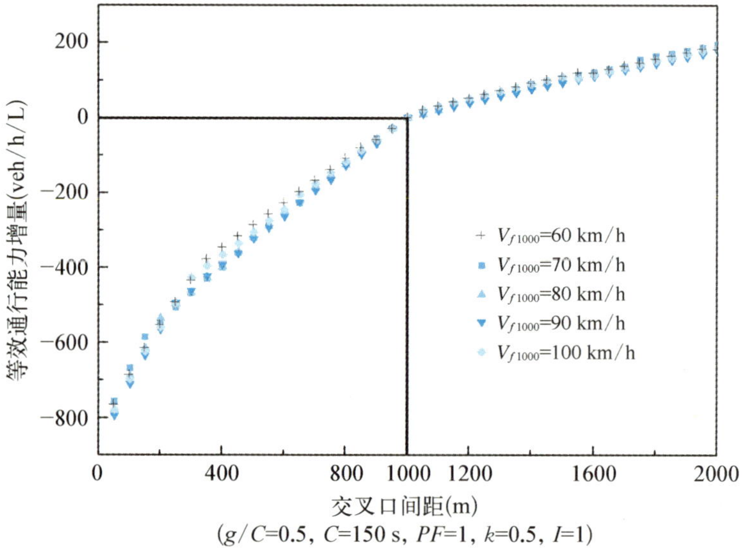

图 4-2　交叉口间距对等效通行能力增量的影响

可见，经过变换后，上述五组数据的数据点几乎完全重合，这说明，$\Delta C_{e,\,V_{f1\,000},\,L}$ 与 $V_{f1\,000}$ 无关，而仅与 L 相关，可记为 $\Delta C_{e,\,L}$。考虑等效通行能力的增长趋势逐渐趋缓这一特点，对图 4-2 中的数据采用下面的负指数形式进行回归：

$$\Delta C_{e,\,L} = f(L) = y_0 + A\mathrm{e}^{-\frac{L}{t1}} \tag{4-2}$$

式中，y_0、A、$t1$ 为函数的待定系数。

回归结果见图 4-3。

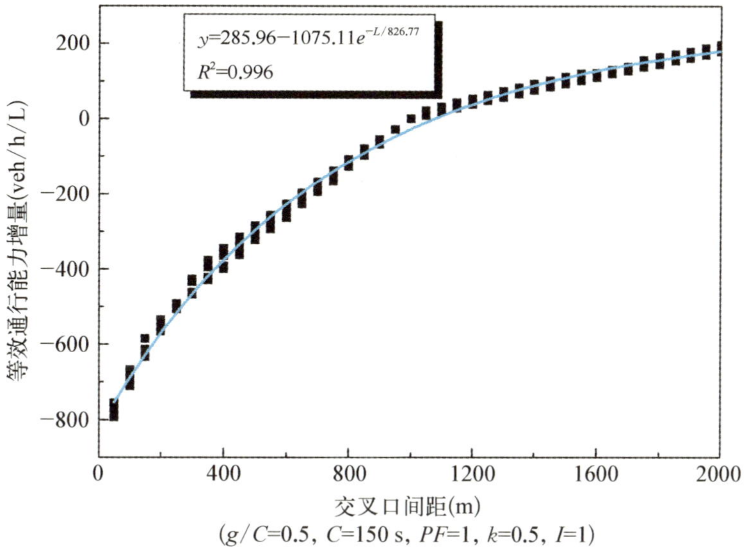

图 4-3　$\Delta C_{e,L}$ 回归结果

在 $g/C=0.5$、$C=150$、$PF=1$、$k=0.5$、$I=1$ 情况下，道路的等效通行能力可表示为

$$C_{e,V_{f1\,000},L}=C_{e0,V_{f1\,000}}+\Delta C_{e,L}=C_{e0,V_{f1\,000}}+285.96-1\,075.11\mathrm{e}^{-\frac{L}{826.77}} \tag{4-3}$$

相关系数为 0.996，可见，如式(4-2)的负指数形式可以很好地拟合 $\Delta C_{e,L}$ 与 L 的关系。

3. 信号灯绿信比影响分析

计算 $V_{f1\,000}$ 分别取用 60、70、80、90、100 五种输入值情况下，不同信号灯绿信比 g/C 对应的等效通行能力 $C_{e,V_{f1\,000},g/C}$ 值，其余参数的输入值取用标准条件值。

信号灯绿信比 g/C 分析范围取为[0.2, 0.7]，这主要是考虑目前城市道路交叉口信号灯绿信比大多属于这一范围，且已有的延误公式多为经验公式，在过高或过低绿信比时，理论计算结果会与实际偏差较大。以 0.5

为步长，不断变化 g/C 取值，对每一组输入参数的模型进行求解，得到的结果见图 4-4。

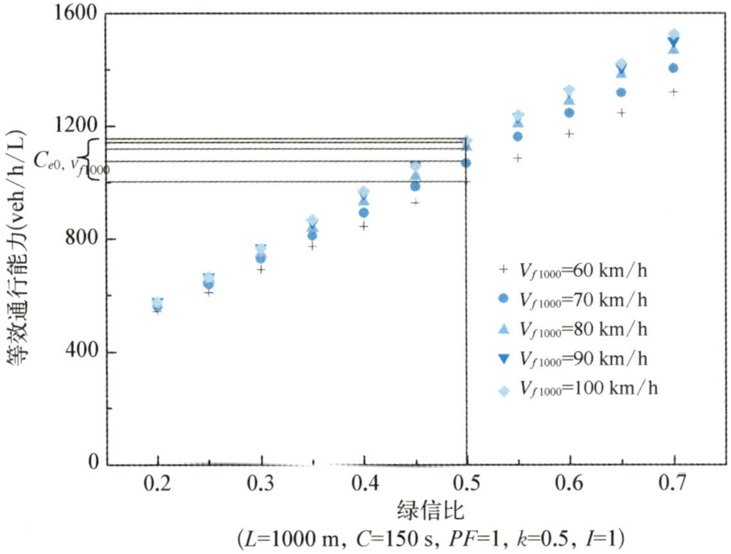

图 4-4　信号灯绿信比对等效通行能力绝对值的影响

从图 4-4 可以看到，等效通行能力的绝对值随信号灯绿信比的增加线性增长，在[0.2, 0.7]的 g/C 变化范围内，其增长幅度约为 1 000 veh/h/L，可见，绿信比是影响等效通行能力的又一显著因素。

与图 4-1 不同，图 4-4 中五组数据的数据点不是相互平行，而是呈放射状。因此，不能采用前述平移的方法转换数据，这里尝试引入变量 $P_{e,\ V_{f1\,000},\ g/C}$，将其定义为

$$P_{e,\ V_{f1\,000},\ g/C} = C_{e,\ V_{f1\,000},\ g/C} / C_{e0,\ V_{f1\,000}} \tag{4-4}$$

将图 4-4 中的数据按式(4-4)进行计算，结果如图 4-5 所示。

可以看到，经过上述转换后，五组数据基本重合，且 $P_{V_{f1\,000},\ g/C}$ 与 $V_{f1\,000}$ 无关，可记为 $P_{e,\ g/C}$。由图可知，$P_{e,\ g/C}$ 与 g/C 呈线性关系。对转换后的数据进行线性回归，结果见图 4-6。

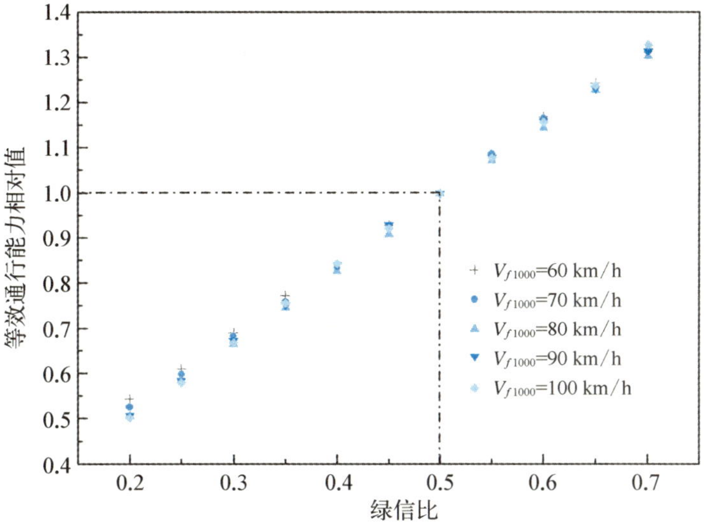

(L=1000 m，C=150 s，PF=1，k=0.5，I=1)

图 4－5　信号灯绿信比对等效通行能力相对值的影响

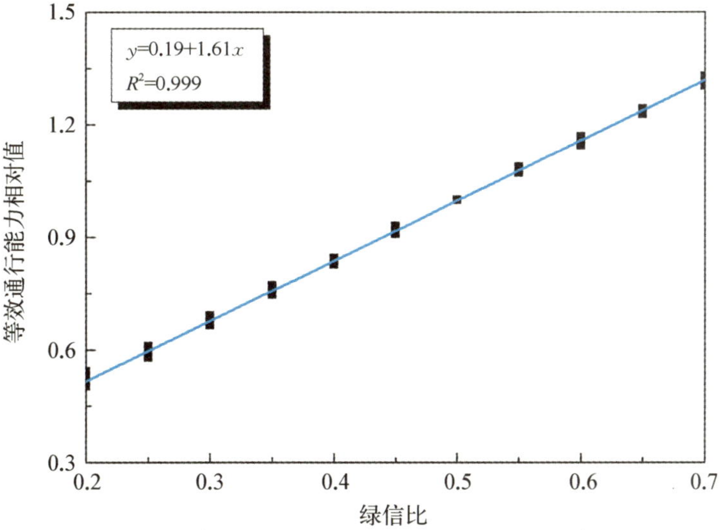

(L=1000 m，C=150 s，PF=1，k=0.5，I=1)

图 4－6　$P_{e,\,g/C}$回归结果

在 $L=1\,000$、$C=150$、$PF=1$、$k=0.5$、$I=1$ 的情况下，道路的等效通行能力可表示为

$$C_{e,V_{f1\,000},L}=C_{e0,V_{f1\,000}}\times P_{e,g/C}=C_{e0,V_{f1\,000}}\times\left(0.69+1.61\frac{g}{C}\right) \tag{4-5}$$

相关系数为 0.999，可见，如式(4-5)的线性函数可以很好地拟合 $P_{e,g/C}$ 与 g/C 的关系。

4. 信号灯周期长影响分析

计算 $V_{f1\,000}$ 分别取用 60、70、80、90、100 五种输入值的情况下，不同信号灯周期长 C 对应的等效通行能力 $C_{e,V_{f1\,000},g/C}$ 值，其余参数的输入值取用标准条件值。

信号灯周期长 C 的分析范围为[90, 240]。以 30 s 为步长，不断变化 C 取值，对每一组输入参数的模型进行求解，得到的结果见图 4-7。

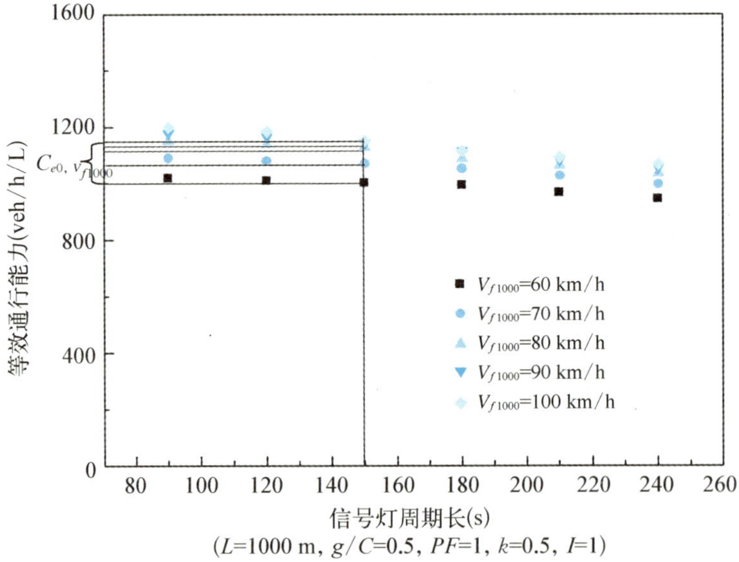

图 4-7　信号灯周期长对等效通行能力绝对值的影响

从图 4－7 可以看到，等效通行能力的绝对值随信号灯周期长的增加线性递减，在[90，240]的 C 变化范围内，其降低幅度约为 110 veh/h/L，影响较交叉口间距和绿信比小，约为基准情况等效通行能力的 10%，也是影响等效通行能力的一个显著因素。

与交叉口间距的影响类似，图 4－7 中，不同 $V_{f1\,000}$ 对应曲线相互平行，采用相同数据转换方法，取 $\Delta C_{e,C}$ 为信号灯不同周期长下等效通行能力的增量，则有

$$\Delta C_{e,C} = C_{e,V_{f1\,000},C} - C_{e0,V_{f1\,000}} \tag{4-6}$$

数据转换结果如图 4－8 所示。

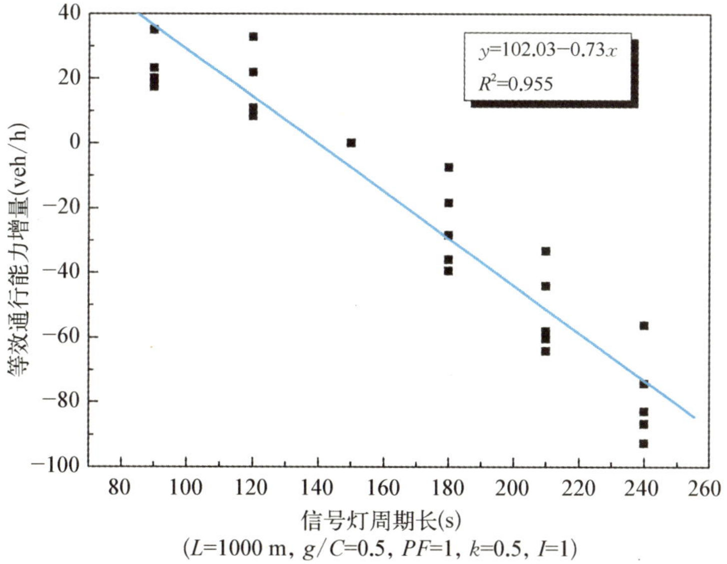

图 4－8　$\Delta C_{e,C}$ 回归结果

在 $L=1\,000$、$g/C=0.5$、$PF=1$、$k=0.5$、$I=1$ 的情况下，道路的等效通行能力可表示为

$$C_{e,V_{f1\,000},C} = C_{e0,V_{f1\,000}} + \Delta C_{e,C} = C_{e0,V_{f1\,000}} + (102.03 - 0.73C) \tag{4-7}$$

相关系数为 0.955，可见，如式(4－7)的线性函数可以很好地拟合 $\Delta C_{e,C}$与 C 的关系。

4.1.1.5　信号灯协调控制修正系数影响分析

对 PF 的影响分析同前，分析范围依 HCM2000 中的推荐值范围，定为[0, 2.6]，取步长 0.1，分析结果见图 4－9 和图 4－10。

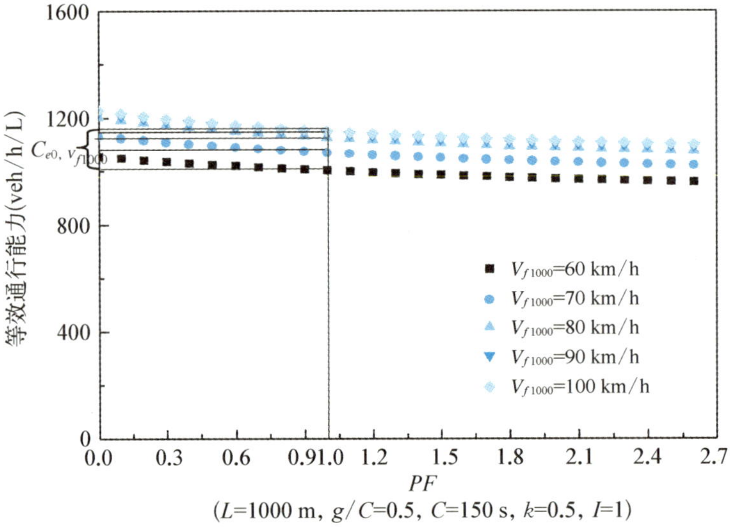

图 4－9　*PF* 对等效通行能力绝对值的影响

可见，等效通行能力随 PF 的增加而减少，在[0, 2.6]范围内，PF 的影响幅度约为 120 veh/h，约为标准条件下等效通行能力的 11%，其影响与信号灯周期长影响类似。

与前面相同，从图 4－9 和图 4－10 的数据转换是通过垂直移动数据点的方法完成的，取 $\Delta C_{e,PF}$ 为不同 PF 下等效通行能力的增量，则有

$$\Delta C_{e,PF} = C_{e,V_{f1\,000},PF} - C_{e0,V_{f1\,000}} \tag{4-8}$$

在 $L = 1\,000$、$g/C = 0.5$、$C = 150$、$k = 0.5$、$I = 1$ 的情况下，道路

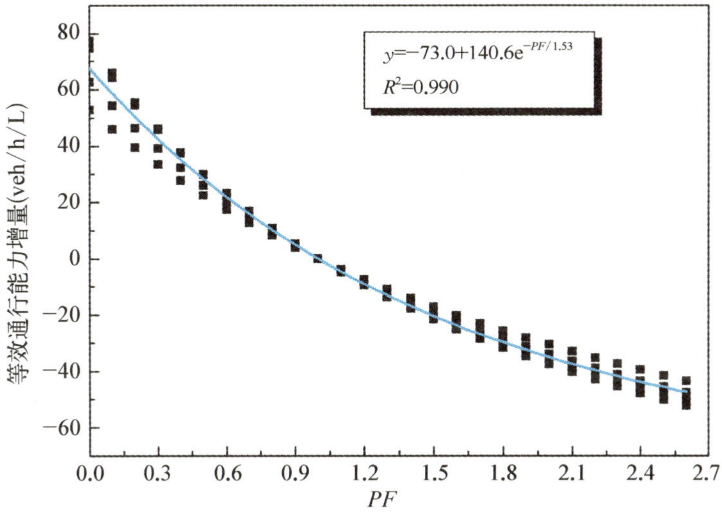

(L=1000 m, g/C=0.5, C=150 s, k=0.5, I=1)

图 4－10　$\Delta C_{e,\ PF}$ 回归结果

的等效通行能力可表示为

$$C_{e,\ V_{f1\,000},\ PF}=C_{e0,\ V_{f1\,000}}+\Delta C_{e,\ PF}=C_{e0,\ V_{f1\,000}}+(-73.0+140.6e^{-\frac{PF}{1.53}})\tag{4-9}$$

6. 信号灯控制类型和上游交叉口影响分析

即模型中参数 k 和参数 I 的影响分析，其他参数取用标准条件下的参数取值。

HCM2000 中 k 的取值与交叉口饱和流率 X 和信号灯控制不同单位延时(Unit Extension)对应的 k_{min} 有关，这里采用其推荐的关系式：

$$k=\begin{cases}k_{min} & X\leqslant 0.5\\(1-2k_{min})(X-0.5)+k_{min} & 0.5<X<1.0\\0.5 & X>1.0\end{cases}\tag{4-10}$$

这里分析 k_{min} 对等效通行能力的影响，即信号灯控制不同单位延时的影响。k_{min}的取值范围为[0, 0.5],其中,0.5 对应固定配时和非实时控制方式。取 0.01 的步长,分析结果见图 4-11 和表 4-1。

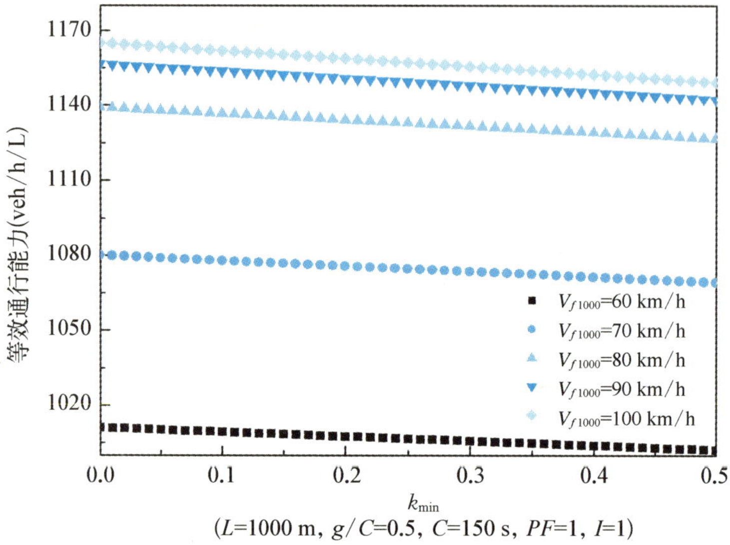

图 4-11　k_{min}对等效通行能力绝对值的影响

表 4-1　信号灯控制类型修正系数影响

$V_{f1\,000}$ (km/h)	等效通行能力下限 (k_{min}=0.5)(veh/h)	等效通行能力下限 (k_{min}=0)(veh/h)	变化幅度 (veh/h)
60	1 002	1 011	9
70	1 069	1 080	11
80	1 126	1 139	13
90	1 142	1 156	14
100	1 149	1 165	16

k_{min}对等效通行能力绝对值的影响幅度平均为 13 veh/h,不到标准条件下等效通行能力的 2%。可见,k_{min}对等效通行能力的影响不显著,可以忽略。

同样对标准条件下不同 I 值的影响进行分析。由于 I 与上游交叉口饱和度有关，故这里分为交叉口间相互独立和不相互独立两种情况进行分析，I 的取值参考 HCM2000，采用式(4－11)计算：

$$I=\begin{cases}1.0-0.91X_u^{2.68} & X_u\leqslant 1.0\\ 1.0 & X_u>1.0\end{cases}\tag{4-11}$$

式中，X_u为上游交叉口饱和度，模型中取 $X_u=X$。

分析结果见表 4－2。

表 4－2　上游交叉口修正系数影响

$V_{f1\,000}$ (km/h)	等效通行能力下限 (I=1)(veh/h)	等效通行能力下限 (I<1)(veh/h)	变化幅度 (veh/h)
60	1 002	1 030	27
70	1 069	1 099	30
80	1 127	1 157	30
90	1 142	1 174	32
100	1 149	1 182	32

表 4－2 表明，交叉口间信号灯间良好的协调控制所带来的车流到达随机延误的降低可以使等效通行能力提高约 30 veh/h，为标准条件下等效通行能力 2.75%，其影响可采用式(4－12)表达，当其他因素影响较大时，也可将其忽略。

$$C_{e,V_{f1\,000},I}=C_{e0,V_{f1\,000}}+\Delta C_{e,I}=C_{e0,V_{f1\,000}}+30\tag{4-12}$$

7. 影响因素理论分析总结

综合前面五节的分析，可知，交叉口间距和信号灯绿信比对等效通行能力的影响最大，在分析的参数变化范围内影响幅度可达 1 000 veh/h；信号灯周期长和信号灯协调控制修正系数的影响次之，约为 100 veh/h；上游交叉口影响和信号灯控制类型影响最小，而后者影响又小于前者。各影响因素对等效通行能力的影响总结如下：

$$
\begin{aligned}
&P_{e,\,g/C} = 0.69 + 1.61\,\frac{g}{C} \\
&\Delta C_{e,\,L} = 285.96 - 1\,075.11\mathrm{e}^{-\frac{L}{826.77}} \\
&\Delta C_{e,\,C} = 102.03 - 0.73C \\
&\Delta C_{e,\,PF} = -73.0 + 140.6\mathrm{e}^{-\frac{PF}{1.53}} \\
&\Delta C_{e,\,I} = \begin{cases} 30 & \text{交叉口间不独立} \\ 0 & \text{交叉口间相互独立} \end{cases}
\end{aligned}
\tag{4-13}
$$

道路的等效通行能力可表示为

$$
\begin{aligned}
C_{e,\,V_{f1\,000}} = {} & C_{e0,\,V_{f1\,000}} \times P_{e,\,g/C} + \Delta C_{e,\,L} + \Delta C_{e,\,C} \\
& + \Delta C_{e,\,PF} + \Delta C_{e,\,I} + R_{e,\,L\times g/C\times C\times PF\times I}
\end{aligned}
\tag{4-14}
$$

式中，$R_{e,\,L\times g/C\times C\times PF\times I}$为各因素交互作用影响项。当道路的基本条件与标准条件相差不多时，可近似取 $R_{e,\,L\times g/C\times C\times PF\times I}=0$，不会产生较大偏差，否则，应当考虑其中主要因素的交互作用。

下一节对影响较大的 L、g/C、C 三个因素的交互作用进行讨论，并给出了考虑三个因素交互作用的确定等效通行能力的诺模图。

4.1.1.8 等效通行能力诺模图

首先，重点考查 L、g/C、C 三个因素的交互作用，这里忽略 $L\times g/C\times C$ 三者的共同影响，而仅对 $L\times g/C$、$L\times C$、$g/C\times C$ 两两因素的交互作用进行讨论。

$L\times g/C$：

计算不同 g/C 下，L 对等效通行能力增量 $\Delta C_{e,\,L(g/C)}$ 的影响，$\Delta C_{e,\,L(g/C)}$ 的定义与前面稍有差异，为某一 g/C 下，交叉口间距为 L 时的等效通行能力与交叉口间距为 1 000 时的差值，其他参数采用标准条件下取值，结果见图 4-12。

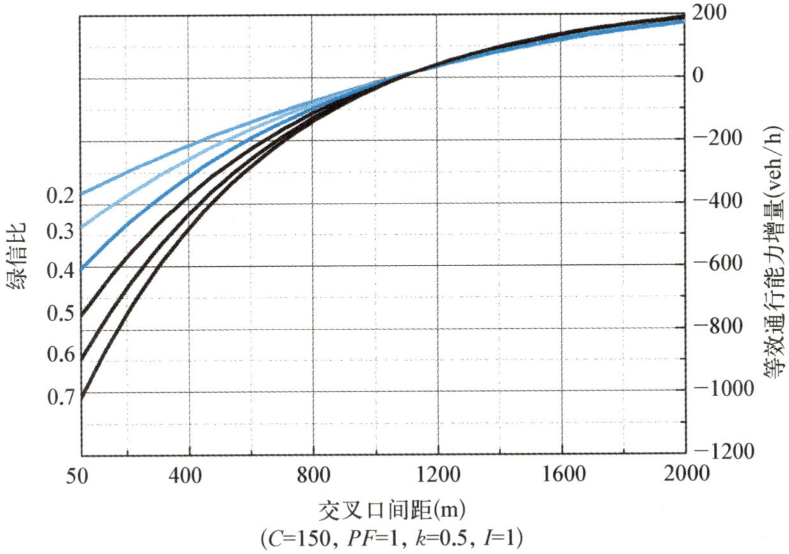

图 4-12　不同绿信比下交叉口间距对等效通行能力增量的影响

可以看到，当交叉口间距大于 1 000 m 时，g/C 对 $\Delta C_{e,\,L(g/C)}$ 几乎没有影响，g/C 与 L 对 $\Delta C_{e,\,L(g/C)}$ 的影响相互独立，这表明在此情况下，不同的 g/C 均可采用式(4-3)直接计算交叉口间距的影响。而当交叉口间距小于 1 000 m 时，随交叉口间距的减小，g/C 对 $\Delta C_{e,\,L(g/C)}$ 的影响越来越大，且相同 L 时，$\Delta C_{e,\,L(g/C)}$ 绝对值随 g/C 的增加而增加，即 g/C 越大，交叉口间距的影响越大。这表明，对应绿信比较大的城市路网，通常也是等级较高的城市路网，在进行路网设计或扩容时，应更多地关注交叉口间距这一指标，交叉口间距不易太小，以免造成“扩建不扩容”的现象。

$L \times C$：

采用同样方法考查 L 和 C 对 $\Delta C_{e,\,L(C)}$ 的影响，结果见图 4-13。

图中，不同周期长对应的曲线几乎完全重合。进一步的分析也表明，当 g/C 取其他数值时，所绘制的曲线也与图 4-13 类似，可参见图 4-14(a)—图 4-14(e)。

因此，可以认为 L 和 C 对 $\Delta C_{e,\,L(C)}$ 的影响相互独立，不存在交互作用。

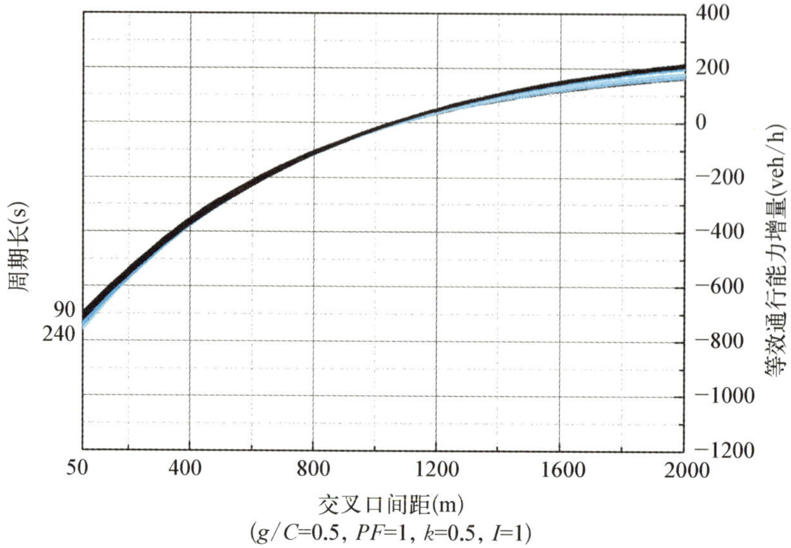

图 4-13　不同周期长下交叉口间距对等效通行能力增量的影响

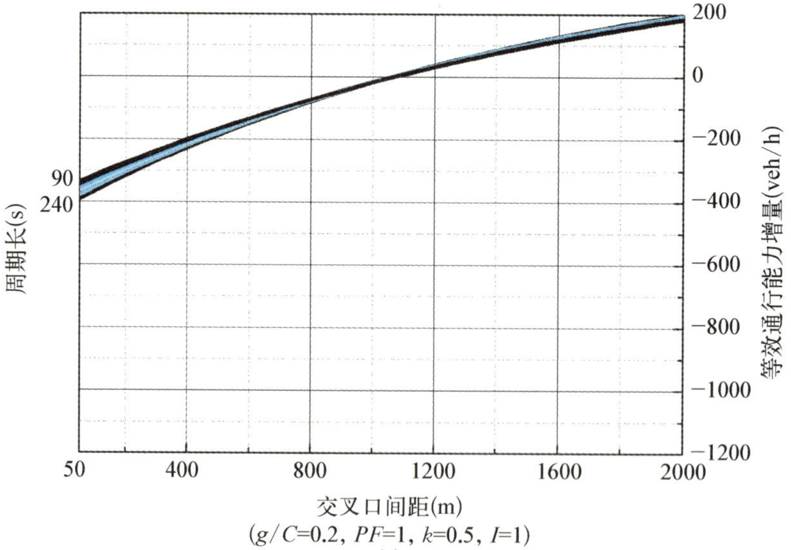

(a)

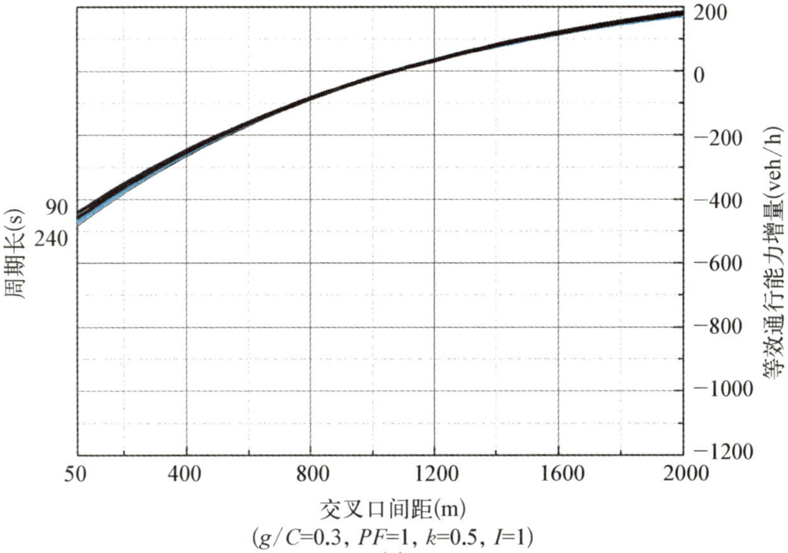

(g/C=0.3，PF=1，k=0.5，I=1)
(b)

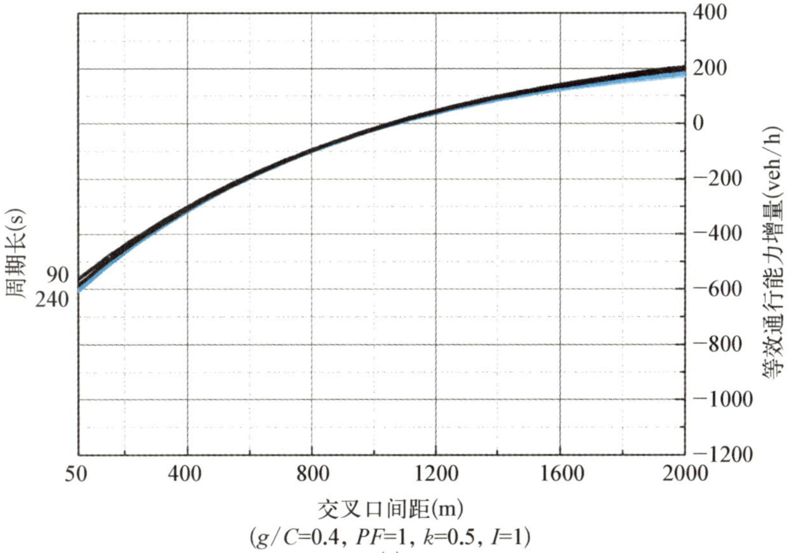

(g/C=0.4，PF=1，k=0.5，I=1)
(c)

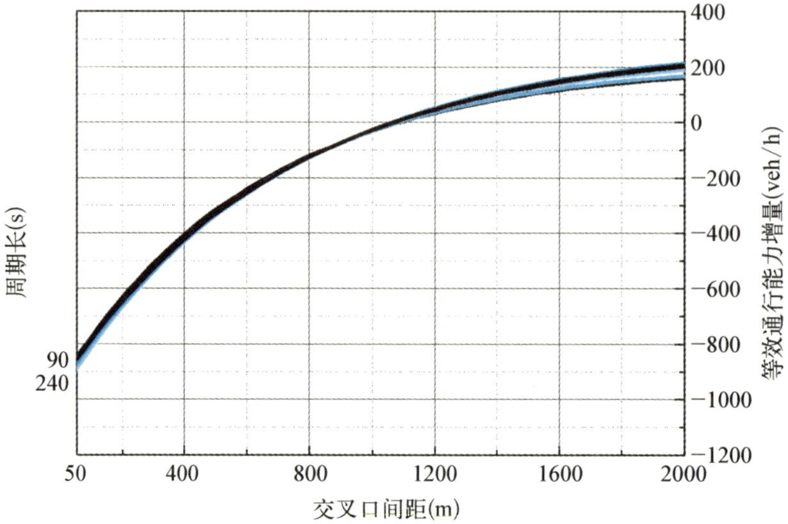

(g/C=0.6, PF=1, k=0.5, I=1)

(d)

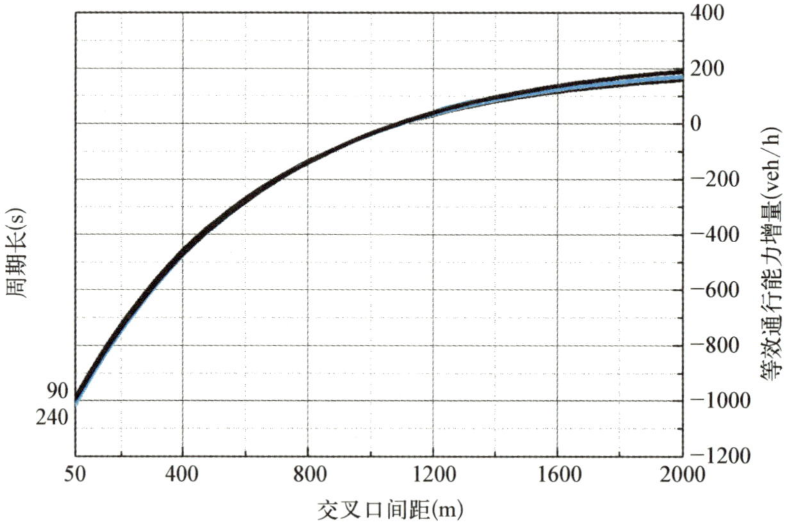

(g/C=0.7, PF=1, k=0.5, I=1)

(e)

图 4-14 不同周期长下交叉口间距对等效通行能力增量的影响

$g/C \times C$：

同样考查 g/C 和 C 对 $\Delta C_{e,\ C(g/C)}$ 的影响，结果见图 4－15。

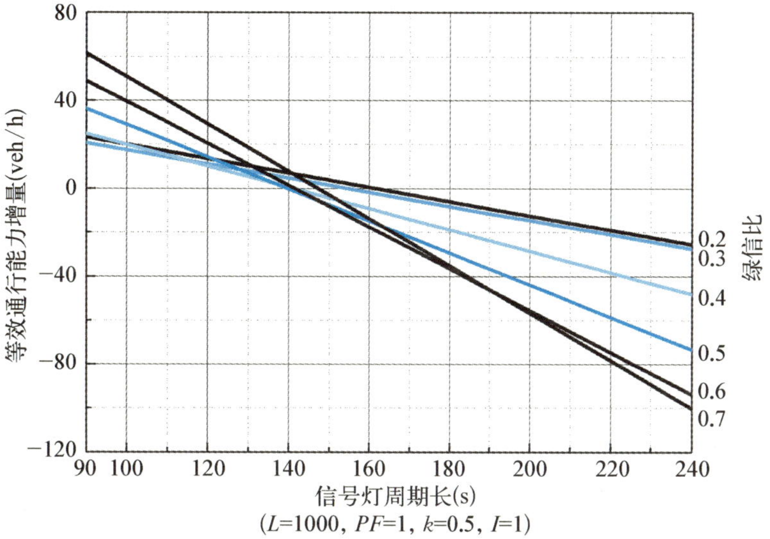

图 4－15 不同绿信比下信号灯周期长对等效通行能力增量的影响

绿信比与周期长对 $\Delta C_{e,\ C(g/C)}$ 的影响并不完全独立，随 g/C 的增大，周期长的影响幅度增大。

等效通行能力诺模图：

考虑上述三个因素的交互作用，假设其他因素相互独立，最终给出确定等效通行能力的诺模图见图 4－16。

通过查图 4－16，即可以确定不同道路交通条件下等效通行能力与标准条件等效通行能力的增量，当标准条件下的等效通行能力确定后，就可以获得该道路的等效通行能力。图 4－16 的使用程序如下：

步骤 1：确定经$\overline{R}$中影响因素修正后的理论计算标准条件下的等效通行能力 $C_{e0,\ V_{f1\,000}}$；

步骤 2：查图 4－16(a)，得到该道路 g/C 对应的等效通行能力相对值 $P_{e,\ g/C}$，将其与 $C_{e0,\ V_{f1\,000}}$ 相乘，得到一定 g/C 下的等效通行能力 $C_{e0,\ V_{f1\,000},\ g/C}$；

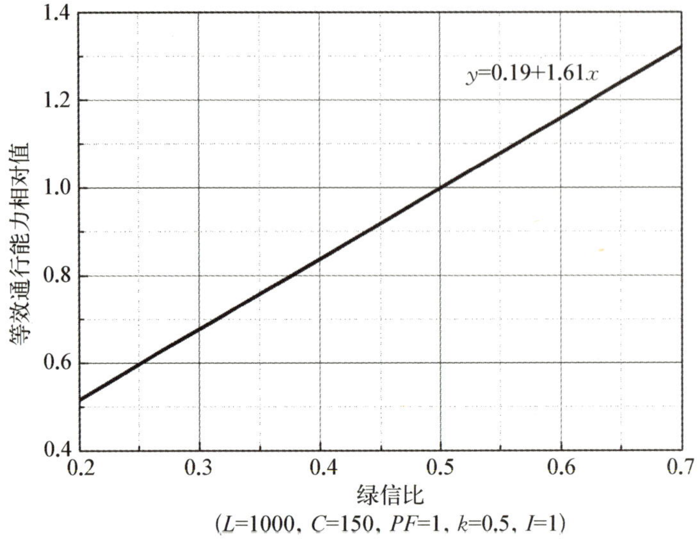
1.4
1.2
1.0
0.8
0.6
0.4
0.2
0.3
0.4
0.5
0.6
0.7
y=0.19+1.61x
等效通行能力相对值
绿信比
(L=1000, C=150, PF=1, k=0.5, I=1)

(a)

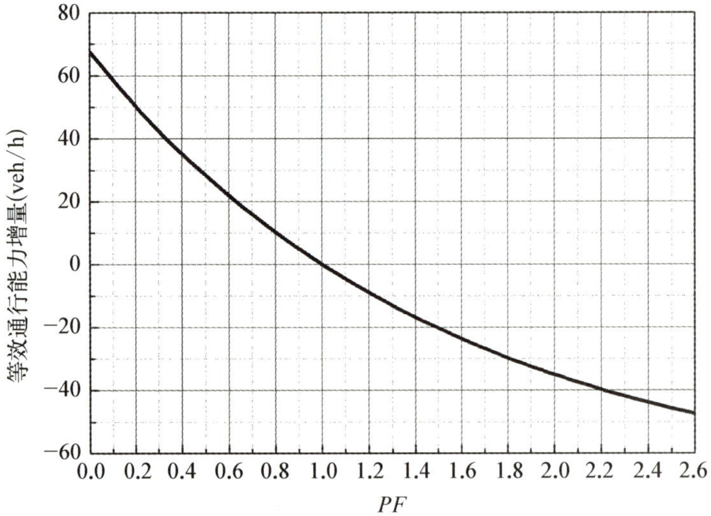
80
60
40
20
0
−20
−40
−60
0.0
0.2
0.4
0.6
0.8
1.0
1.2
1.4
1.6
1.8
2.0
2.2
2.4
2.6
等效通行能力增量(veh/h)
PF

(b)

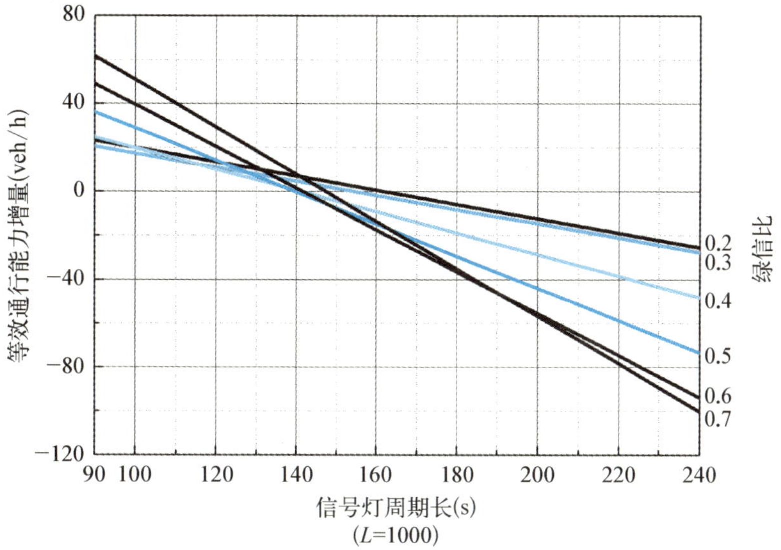

（c）

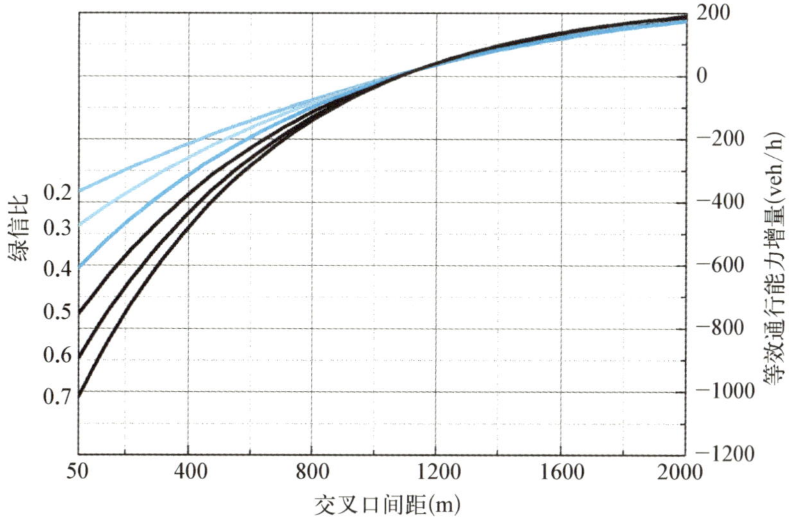

（d）

图 4－16　等效通行能力确定诺模图

步骤 3：查图 4－16(b)—图 4－16(d)，得到该道路交通条件对应的修正项 $\Delta C_{e,\,PF}$、$\Delta C_{e,\,L(g/C)}$、$\Delta C_{e,\,C(g/C)}$，并根据该道路交叉口间的相互关系，按式 4－13 给出 I 参数的修正项 $\Delta C_{e,\,I}$；

步骤 4：计算该道路的等效通行能力如下：

$$C_{e,\,V_{f1\,000}} = C_{e0,\,V_{f1\,000}} \times P_{e,\,g/C} + \Delta C_{e,\,L(g/C)} + \Delta C_{e,\,C(g/C)} + \Delta C_{e,\,PF} + \Delta C_{e,\,I} \tag{4-15}$$

需要说明的是，PF 对等效通行能力的影响也较为显著，这里为了简化，假设其与 L、g/C、C 的影响相互独立，由于实际应用中 PF 的取值很难确定，一般都假设车辆到达类型为均匀到达，即取 $PF = 1$，在此情况下采用诺模图 4－16 可以较好地确定等效通行能力。事实上，采用上述方法，同样可以绘制不同 PF 下与诺模图 4－16 的(a)、(c)、(d)相对应的图，进而得到一整套考虑四个主要影响因素相互作用的诺模图，采用线性差值法更准确地确定等效通行能力的取值。这里由于篇幅关系，没有给出整套诺模图。

4.1.2 等效自由流车速影响因素分析

1. 理论分析标准条件

对于 R_T 中六个因素选择的标准条件如下：

$L_0 = 500$ m；

$\left(\dfrac{g}{C}\right)_0 = 0.5$；

$C_0 = 150$ s；

$PF_0 = 1$　到达类型为均匀到达，信号灯间无协调控制；

$k_0 = 0.5$　非实时控制；

$I_0 = 1$　交叉口间相互独立。

与等效通行能力的分析相同，设标准条件下，道路的等效自由流车速

为 $V_{fe0,\overline{R}}$，则有

$$V_{fe0,\overline{R}} = f\left[L_0,\ \left(\frac{g}{C}\right)_0,\ C_0,\ PF_0,\ k_0,\ I_0,\ V_{f1\,000}\right] \qquad (4-16)$$

可见，$V_{fe0,\overline{R}}$ 是 $V_{f1\,000}$ 的函数，将其记为 $V_{fe0,V_{f1\,000}}$，这一变量正是后续剥离 $\overline{R}$ 中因素影响的基础。

2. 影响因素理论分析总结

采用与前面相同的方法进行等效自由流车速的各项影响因素剥离，这里不详细介绍其过程，仅给出影响分析的结果。

分析发现，对于等效自由流车速，采用比值的方法（与前面分析绿信比对等效自由流车速的影响相同）转换数据，均可取得较好的效果。

分析表明，等效自由流车速随交叉口间距 L 和信号灯绿信比 g/C 的增加而增大，随交叉口协调控制系数 PF 和信号灯周期长 C 的增大而减小，各因素的影响程度顺序如下：交叉口间距 L 影响最大，当 $L \in [50, 2\,000]$ 时，影响幅度达 $V_{fe0,V_{f1\,000}}$ 的 1.6 倍左右，交叉口协调控制系数 PF 次之，当 $PF \in [0, 2.6]$ 时约为 $V_{fe0,V_{f1\,000}}$ 的 0.9 倍，信号灯绿信比 g/C 和周期长 C 的影响进一步减小，$g/C \in [0.2, 0.7]$ 和 $C \in [90, 240]$ 时分别为 0.7 和 0.4 倍，k 和 I 的影响更小，见表 4-3 和表 4-4。可见，k 和 I 的影响均不到 1 km/h，分别为 0.61 km/h 和 0.14 km/h，因此，其对等效自由流车速的影响可以忽略。

各因素对等效自由流车速的影响总结如下：

$$\begin{aligned}
P_{e,L} &= 1.84 - 1.72e^{-\frac{L}{673.37}} \\
P_{e,g/C} &= 0.3 + 1.45\frac{g}{C} \\
P_{e,C} &= 0.52 + 1.09e^{-\frac{C}{181.16}} \\
P_{e,PF} &= 0.49 + 1.19e^{-\frac{PF}{1.16}}
\end{aligned} \qquad (4-17)$$

道路的等效自由流车速可表示为

$$V_{fe,V_{f1\,000}} = V_{fe0,V_{f1\,000}} \times P_{e,L} \times P_{e,g/C} \times P_{e,C} \times P_{e,PF} \times R_{e,L\times g/C\times C\times PF\times I} \tag{4-18}$$

表 4-3 信号灯控制类型修正系数影响

$V_{f1\,000}$ (km/h)	等效自由流车速下限 (k_{min}=0.5)(km/h)	等效自由流车速下限 (k_{min}=0)(km/h)	变化幅度 (km/h)
60	29.34	29.87	0.54
70	33.63	34.21	0.58
80	37.40	38.01	0.61
90	40.74	41.38	0.64
100	43.65	44.32	0.67

表 4-4 上游交叉口修正系数影响

$V_{f1\,000}$ (km/h)	等效自由流车速下限 (I=1)(km/h)	等效自由流车速下限 (I<1)(km/h)	变化幅度 (km/h)
60	29.34	29.49	0.15
70	33.63	33.79	0.15
80	37.40	37.55	0.15
90	40.74	40.87	0.13
100	43.65	43.77	0.12

同样，$R_{e,L\times g/C\times C\times PF\times I}$为各因素交互作用影响项。当道路的基本条件与标准条件相差不多时，可近似取 $R_{e,L\times g/C\times C\times PF\times I}=0$，不会产生较大偏差，否则，应当考虑其中主要因素的交互作用。与前面相同，下一节给出了考虑 L、g/C、C 三个因素交互作用的确定等效自由流车速的诺模图。

3. 等效自由流车速诺模图

分析过程与 4.1.1.8 节相同，这里直接给出诺模图和使用方法。

考虑前述三个因素的交互作用，假设其他因素相互独立，最终给出确定等效自由流车速的诺模图见图 4－17。

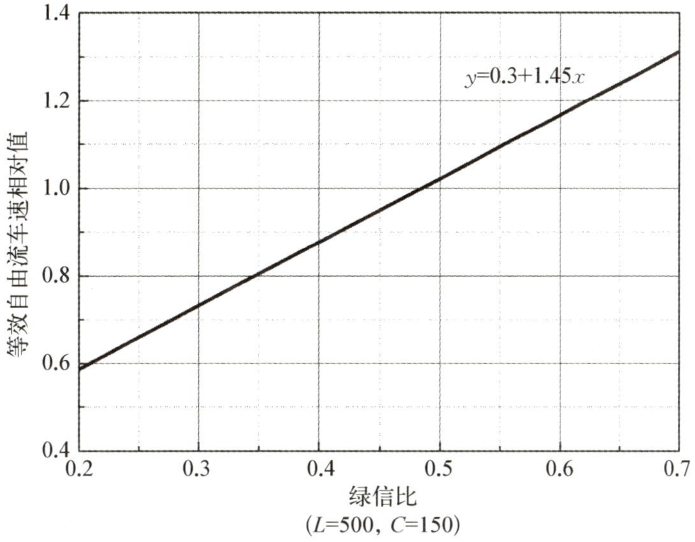

(a)

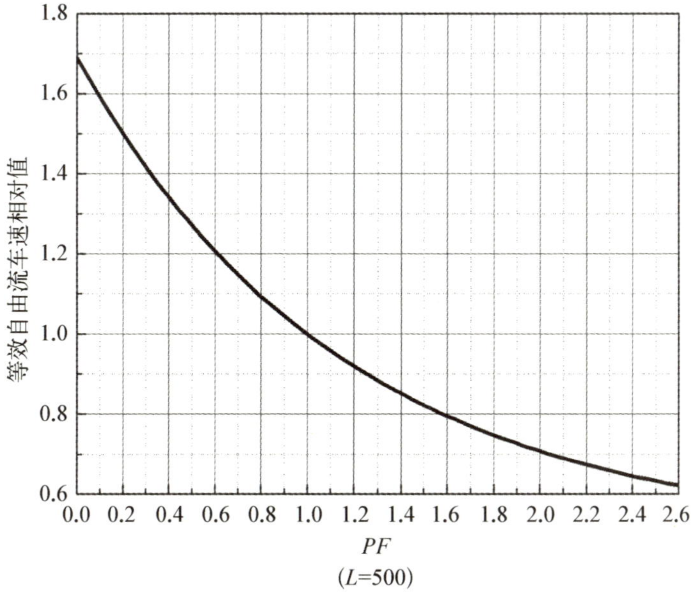

(b)

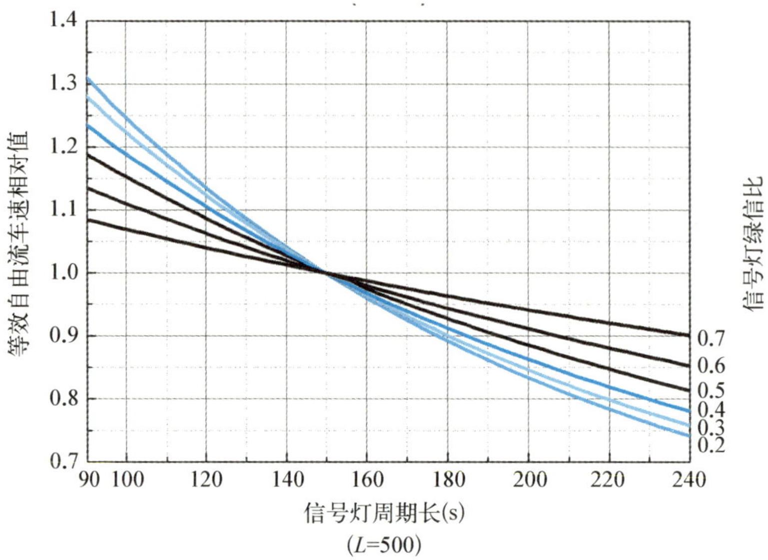
等效自由流车速相对值
信号灯绿信比
1.4
1.3
1.2
1.1
1.0
0.9
0.8
0.7
90 100 120 140 160 180 200 220 240
0.7
0.6
0.5
0.4
0.3
0.2
信号灯周期长(s)
(L=500)

(c)

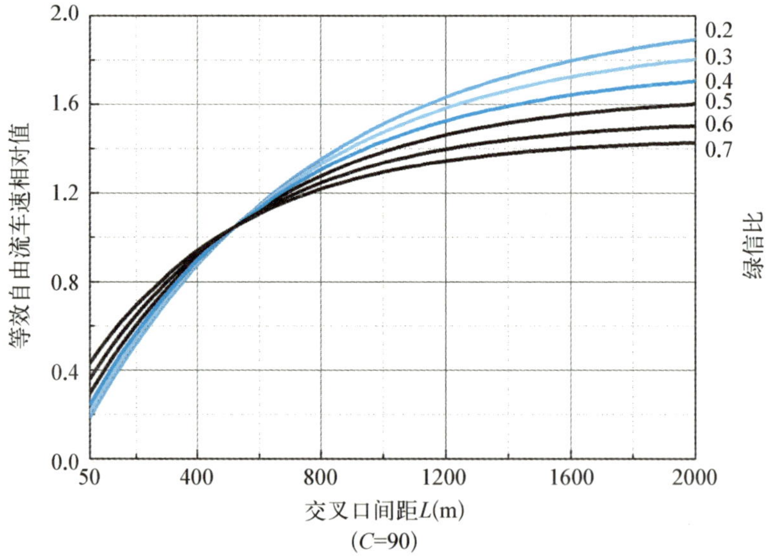
等效自由流车速相对值
绿信比
2.0
1.6
1.2
0.8
0.4
0.0
50 400 800 1200 1600 2000
0.2
0.3
0.4
0.5
0.6
0.7
交叉口间距L(m)
(C=90)

(d)

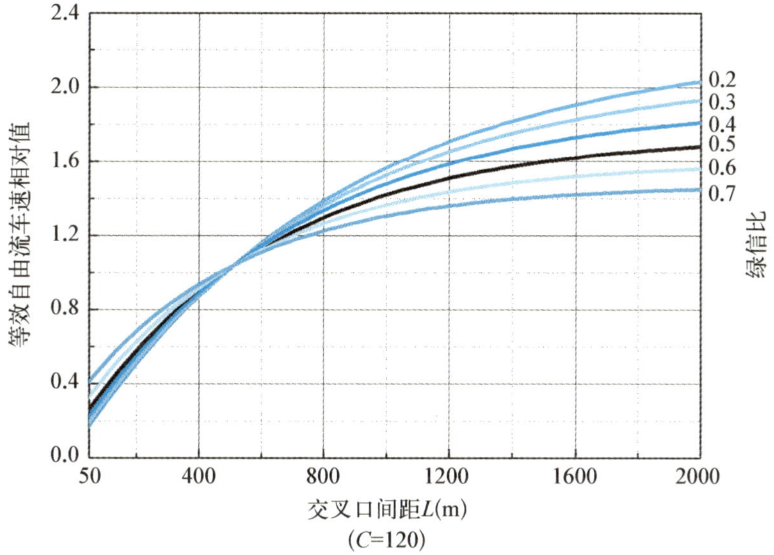
2.4
2.0
1.6
1.2
0.8
0.4
0.0
等效自由流车速相对值
0.2
0.3
0.4
0.5
0.6
0.7
绿信比
50
400
800
1200
1600
2000
交叉口间距L(m)
(C=120)

(e)

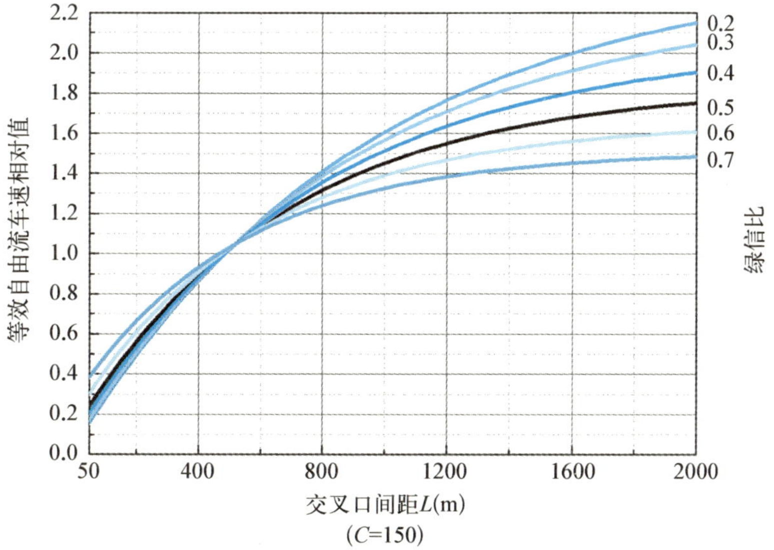
2.2
2.0
1.8
1.6
1.4
1.2
1.0
0.8
0.6
0.4
0.2
0.0
等效自由流车速相对值
0.2
0.3
0.4
0.5
0.6
0.7
绿信比
50
400
800
1200
1600
2000
交叉口间距L(m)
(C=150)

(f)

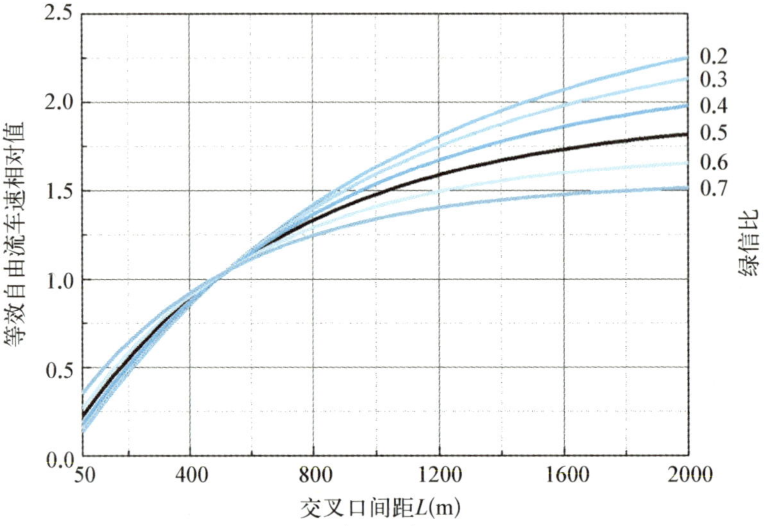
2.5
2.0
1.5
1.0
0.5
0.0
50
400
800
1200
1600
2000
等效自由流车速相对值
交叉口间距L(m)
0.2
0.3
0.4
0.5
0.6
0.7
绿信比

(C=180)

(g)

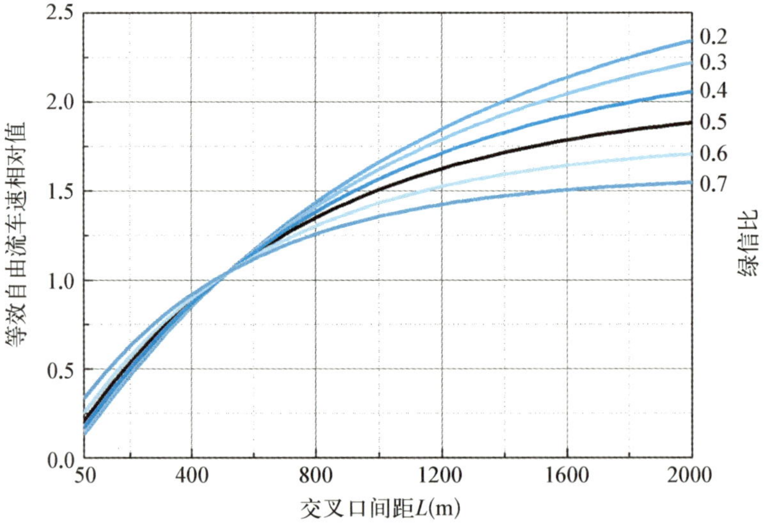
2.5
2.0
1.5
1.0
0.5
0.0
50
400
800
1200
1600
2000
等效自由流车速相对值
交叉口间距L(m)
0.2
0.3
0.4
0.5
0.6
0.7
绿信比

(C=210)

(h)

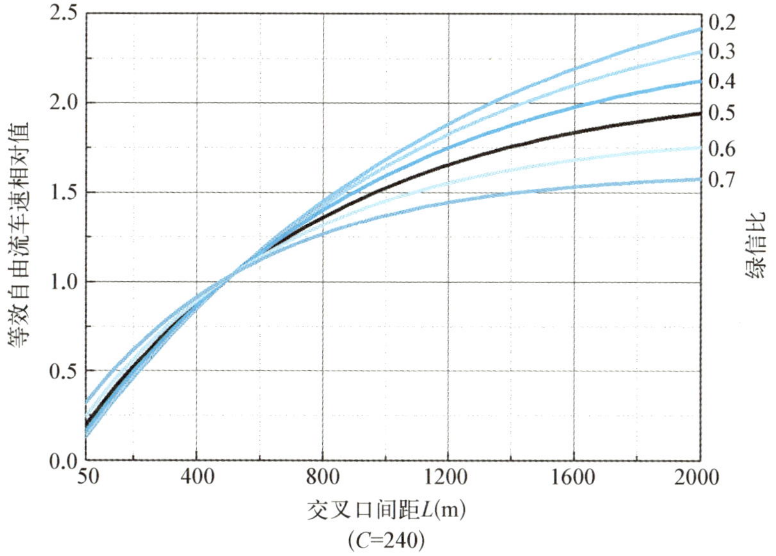

(i)

图 4－17　等效自由流车速确定诺模图

从图 4－17 可以看到：随信号灯绿信比的增加，交叉口间距和信号灯周期长的影响都减小；相同绿信比条件下，交叉口间距的影响随信号灯周期长的增加而增大。

通过查图 4－17，即可以确定不同道路交通条件下等效通行能力与标准条件等效自由流车速的相对值，当标准条件下的等效自由流车速确定后，就可以获得该道路的等效自由流车速。图 4－17 的使用程序与图 4－16 类似，即

步骤 1：确定经$\overline{R}$中影响因素修正后的理论计算标准条件下的等效自由流车速 $V_{fe0,\ V_{f1\,000}}$；

步骤 2：查图 4－17(a)—图 4－17(i)，得到该道路交通条件对应的各个修正项；

步骤 3：计算该道路的等效通行能力如下：

$$V_{fe,V_{f1\,000}} = V_{fe0,\ V_{f1\,000}} \times P_{e,\ L} \times P_{e,\ g/C} \times P_{e,\ C} \times P_{e,\ PF} \quad (4-19)$$

这里需要说明的是，与对等效通行能力增量的影响不同，信号灯周期长与交叉口间距对等效自由流车速相对值的影响不是相互独立的，因此，不同信号灯周期长下交叉口间距的影响应选用图 4-17(d)—图 4-17(i)中相应的诺模图，如式(4-17)中所列周期长，可选用与其最接近的两个周期长，查图后，线性内插得到。

同样，PF 对等效自由流车速的影响虽较为显著，这里仍假设其与 L、g/C、C 的影响相互独立，也可以绘制不同 PF 下与诺模图 4-17 的(a)、(c)—(i)相对应的图，进而得到一整套考虑四个主要影响因素相互作用的诺模图，采用线性差值法更准确地确定等效自由流车速的取值。这里，由于篇幅关系，没有给出整套诺模图。

4.2 基于理论分析和现场调查的影响因素剥离

4.1 节影响因素理论分析的结果给出了六种因素的影响分析，这就使得采用现场调查方法进行其他因素剥离时，可以不考虑这六种因素的影响，道路的选择变得容易，调查量可大幅减少。本节在 4.1 节分析的基础上，给出采用分析-标定法进行 $\overline{R}$ 中影响因素剥离的一般方法，并以“非机动车”影响为例进行了分析。

4.2.1 $\overline{R}$中影响因素剥离的一般方法

采用分析标定法进行$\overline{R}$中影响因素剥离的一般程序如下：

(1) 调查道路的选择

在明确研究的目标因素后，显然应当选择那些除目标因素外其他因素基本相同的道路进行调查。由于有了 R_T中因素的理论分析结果，这里只需选择$\overline{R}$中目标因素以外其他因素基本相同的道路。选择道路长度及其他注意事项可参见本论文第 2 章以及参考文献[71][72]中的相关内容。

（2）调查道路的前期踏勘

前期踏勘中应对选择道路的基本情况进行调查，记录应尽可能详细，除必须包含的 R_T中和目标因素外，条件允许时，应当记录可能影响其等效通行能力或等效自由流车速的其他因素，为后续研究积累资料。

（3）现场调查与数据整理

对选择道路进行现场调查和数据整理，具体方法同样可参见本书第 2 章以及参考文献[71][72]中的相关内容。最终得到调查道路的实测等效通行能力 C_e和等效自由流车速 V_{fe}。

（4）R_T中因素影响的剔除

根据前期踏勘中得到的 R_T中因素的数值，采用给出的相应诺模图，得到 R_T中各项因素的修正值。对 C_e和 V_{fe}进行修正，得到前述标准条件下的 $C_{e0,\,V_{f1\,000}}$和 $V_{fe0,\,V_{f1\,000}}$。

（5）目标因素的影响分析

对各调查道路经修正得到的 $C_{e0,\,V_{f1\,000}}$和 $V_{fe0,\,V_{f1\,000}}$结果进行分析，得到目标因素的影响。

这里采用这一方法，对“非机动车”影响进行了调查分析。

4.2.2　“非机动车”影响分析

1. 调查道路基本情况

通过对上海市大量的道路进行现场踏勘，最终选择北京路（贵州路—万航渡路）、隆昌路（靖宇中路—周家嘴路）和长阳路（大连路—兰州路）三条调查道路，其基本情况见表 4－5。

表 4-5　调查道路基本信息

路　名	交叉口间距(m)	周期长(sec)	绿信比	中央分隔	机非分隔	路段车道数(单向)	交叉口车道数	有无非机动车
北京路	245.16	144.17	0.57	划线	无	2	2	无
隆昌路	442.50	113.17	0.48	划线	绿化	2	2	有
长阳路	263.45	108.00	0.62	划线	划线	2/1	2/1	有

注：① 这里假定三条道路的 k_{min}、PF 和 I 相同；
② 各因素均采用道路所包含道路单元的平均状况；
③ 长阳路单向车道数不同。

三条道路除 R_T 中因素和机非分隔形式不同外，其余条件基本相同。故对其调查分析结果可以反映机非分隔形式的影响。

2. 调查道路实测结果

采用第 2 章中所述方法对调查道路的实测数据进行分析回归，结果见表 4-6。

表 4-6　调查道路实测结果(单车道)

路　名	C_e(veh/h)	V_{fe}(km/h)
北京路	581.69	24.81
隆昌路	590.80	31.90
长阳路	561.30	28.60

3. R_T 中因素影响剔除

根据表 4-5 中所列各条道路的交叉口间距、信号灯周期长和绿信比数值，查相应诺模图得到其修正项数值，见表 4-7 和表 4-8。

假设三条道路的 k_{min}、PF 和 I 相同且均为前面所述标准条件下取值，则采用表 4-7 和表 4-8 对实测结果进行修正可得标准条件下的 $C_{e0, V_{f1\,000}}$ 和 $V_{fe0, V_{f1\,000}}$，见表 4-9。

表 4-7　等效通行能力理论分析修正

路　名	交叉口间距修正 $\Delta C_{e,L}$(veh/h)	周期长修正 $\Delta C_{e,C}$(veh/h)	绿信比修正 $P_{e,g/C}$
北京路	−586.0	−0.4	1.11
隆昌路	−316.0	17.3	0.92
长阳路	−600.4	33.9	1.19

表 4-8　等效自由流车速理论分析修正

路　名	交叉口间距修正 $P_{e,L}$	周期长修正 $P_{e,C}$	绿信比修正 $P_{e,g/C}$
北京路	0.63	1.01	1.13
隆昌路	0.92	1.12	0.96
长阳路	0.73	1.08	1.20

表 4-9　调查道路标准条件下修正结果

路　名	非机动车因素	$C_{e0,V_{f1\,000}}$(veh/h)	$V_{fe0,V_{f1\,000}}$(km/h)
北京路	非机动车禁行	1 049.15	34.51
隆昌路	机非物理分隔	964.13	32.28
长阳路	机非划线分隔	949.13	30.27

4. 非机动车影响

表 4-9 表明：在标准条件下，将划线机非分隔改为物理分隔，可将其单车道等效通行能力提高 15 veh/h，等效自由流车速提高约 7%；而改成非机动车禁行则可将其单车道等效通行能力提高约 100 veh/h，等效自由流车速提高约 14%。

4.3　本章小结

本章基于第 3 章中所建立的等效通行能力理论分析模型，采用分析-标定法对影响等效通行能力和等效自由流车速的七个影响因素进行了分析。其中六个为理论分析模型中的六个参数，对其影响采用理论分析法，基于设定的标准条件，回归得到各因素的修正项公式，并进一步研究了其中主要影响因素间的交互作用，给出了修正值诺模图。另一个为“非机动车”影响因素，采用理论分析和现场调查相结合的方法进行分析。本章分析所得到的结论如下。

(1) 交叉口间距和信号灯绿信比对等效通行能力的影响最大，在分析的参数变化范围内影响幅度可达 1 000 veh/h；信号灯周期长和信号灯协调控制修正系数的影响次之，约为 100 veh/h；上游交叉口影响和信号灯控制类型影响最小，而后者影响又小于前者。

(2) 当交叉口间距大于 1 000 m 时，g/C 与 L 对等效通行能力的影响相互独立；而当交叉口间距小于 1 000 m 时，二者存在交互作用，且 g/C 越大，交叉口间距的影响越大。即对于绿信比较大的城市路网，通常也是等级较高的城市路网，在进行路网设计或扩容时，应更多地关注交叉口间距这一指标，交叉口间距不易太小，以免造成“扩建不扩容”的现象。

(3) L 和 C 对等效通行能力的影响相互独立，不存在交互作用。

(4) g/C 和 C 对等效通行能力的影响存在交互作用，且随 g/C 的增大，C 的影响增大。

(5) 等效自由流车速随交叉口间距 L 和信号灯绿信比 g/C 的增加而增大，随交叉口协调控制系数 PF 和信号灯周期长 C 的增大而减小，各因素的影响程度顺序为：交叉口间距 L 影响最大，当 $L \in [50, 2\,000]$ 时，影响幅度达 $V_{fe0, V_{f1\,000}}$ 的 1.6 倍左右，交叉口协调控制系数 PF 次之，当 $PF \in [0, 2.6]$ 时约为 $V_{fe0, V_{f1\,000}}$ 的 0.9 倍，信号灯绿信比 g/C 和周期长 C 的影响进一步减小，$g/C \in [0.2, 0.7]$ 和 $C \in [90, 240]$ 时分别为 0.7 和 0.4 倍，k 和 I 的影响更小，其对等效自由流车速的影响可以忽略。

(6) 在标准条件下，将划线机非分隔改为物理分隔，可将其单车道等效通行能力提高 15 veh/h，等效自由流车速提高约 7%；而改成非机动车禁行则可将其单车道等效通行能力提高约 100 veh/h，等效自由流车速提高约 14%。

第5章

城市路网服务水平评价指标体系

如第1章中所述，目前已有道路网系统服务水平研究中所存在问题出现的根本原因在于研究目的不够明确：“服务水平”究竟为谁所用？本章针对这一问题展开讨论，试图从“服务水平”使用者的角度出发，重新诠释“服务水平”的概念，并基于等效通行能力，提出合理、实用的评价指标体系。

5.1 服务水平研究目的解析

进行路网交通服务水平评价研究的目标在于解读道路交通状况的形成机理、描述出行者对交通状况的感受和为管理人员进行决策提供参考。因此，关于服务水平的概念和评价指标的研究应当以此为出发点。

5.1.1 交通状况的形成机理

道路交通状况从根本上来说是由交通设施的供给水平和交通需求(即交通负荷水平)共同决定的，如图5-1中的模块Ⅰ所示。一定的道路建设规模和针对设施的交通控制策略决定了道路设施的功能极限，并进而决定了其对交通需求的适应能力，这些构成了设施的本身属性。而将一定的交通需求加载到设施上，设施就会产生相应的反应，从而表现出相应的交通运行状况。

5.1.2　出行者对交通状况的感受

出行者对不同设施上的交通运行状况进行评价时，似乎存在“标准不一，有失公正”的现象。比如，在城市地面道路上，当行程车速达到 25 km/h 时，出行者会感觉十分畅通，而如果高架道路上达到同样的行程车速，则不能让出行者满意。这一现象的出现是由人对事物进行评价的心理过程决定的：通常，人们评价事物好坏的依据包含两个方面：对事物本身固有属性的评价，即期望值；对事物目前状态的评价，是人们对期望实现程度的一个评价。这一评价心理反映到交通畅通性评价上，如图 5－1 中模块 Ⅱ 所示。设施供给水平构成了出行者对其固有属性的评价，即期望值，而实际运行状况则是出行者期望实现程度评价的依据。上述看似不公正的评价结果，正反映了评价的后一个方面。

5.1.3　决策参考

交通管理人员一方面希望能够通过评价结果了解目前交通运行的客观状况，另一方面，更希望能从评价结果中获得进行决策的辅助建议。图 5－1 中模块 Ⅲ 和表 5－1 对管理者的决策过程进行了描述。

表 5－1　决策判断程序

运行状况 \ 设施供给	好	差
好	无需采取措施	无需采取措施
差	需求管理措施	设施建设和交通控制管理

管理人员首先对道路交通运行状况进行评价，当运行状况不佳时，应当及时采取措施。由上述交通状况形成的机理可知，采取措施应当从两个

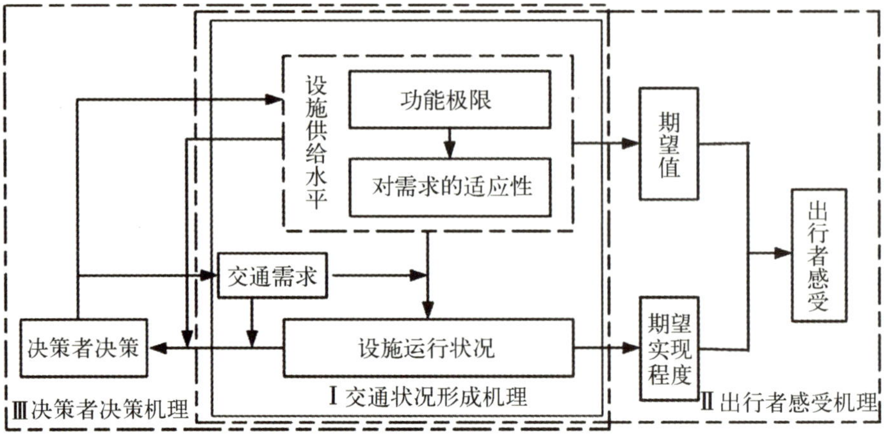

图 5－1 服务水平评价过程示意图

方面着手：改善设施的供给状况和进行需求管理。应当采取哪种措施取决于对目前设施供给的评价：当设施供给水平不高时，进行设施建设和改善交通控制管理措施应当优先；反之，采用需求管理措施将更为有效。

由上述评价目的的实现过程分析可以看到，以往评价指标体系之所以会出现类型混杂、标准不一和辅助决策不利等问题，关键在于已有服务水平的概念定义仅描述为交通状况和出行者感受，未关注其辅助决策这一重要目标，更未能触及评价过程的实质，因此，基于此建立的评价指标体系多将设施供给和运行状况两个层次混杂在一起或仅关注其中一个方面。针对这一问题，本章对服务水平的概念进行了重新诠释，并从设施供给水平和运行水平两个方面给出面向城市路网中交叉口（点）、干道（线）和路网（面）三个层次的评价指标体系。

5.2 服务水平概念新解

基于上述服务水平评价的目的，本书给出交通设施服务水平的定义如下：

设施的服务水平包含设施供给水平和设施运行水平两个方面，是衡量驾驶员或乘客对设施功能的期望值和其实现程度的一种质量标准，是交通管理人员进行决策的依据。其中：

设施供给水平定义为对设施的建设水平和管理措施的评价，包括设施所能提供的最大服务能力和其对交通需求的适应能力，是设施本身的固有属性。根据交通设施的特点，并考虑评价指标的简单、独立原则，最大服务能力可用面向交通出行个体的最短行程时间（或最大车速）和面向交通出行群体的最大服务出行量来表征，而设施对交通需求的适应能力可用设施的运行水平随交通需求增加而衰减的规律来表征。在信息完全透明的情况下，认为设施为交通出行个体提供的最短出行时间（或最大行程速度）即反映了出行者对设施服务的期望值。

设施运行水平定义为衡量设施在一定交通需求下实际运行状况的一种测度，它应当能够反映设施的交通流状态和出行者期望的实现程度。根据设施供给水平的定义，它具体可用设施在一定交通需求下所提供的出行时间（或行程车速）与其所能提供的最短出行时间（或最大行程车速）的差异来表征。

5.3　评价指标体系

5.3.1　指标选择的基本原则

根据上述服务水平概念，提出评价指标的选择原则如下：

(1) 目的性：评价指标按类型应分设施供给水平和运行水平两大类，其中设施供给水平评价应当选用绝对指标，设施运行状况评价应当选用相对指标；

(2) 层次性：评价指标按评价对象分点、线、面三个层次；

(3) 简单性：选择相关性小的基本指标，应当从众多的指标中摒弃衍生指标；

(4) 实用性：选择获取容易的指标。

5.3.2 评价指标

根据上述原则，在“服务水平”新概念指导下，分别给出点、线、面三个层面的评价指标。这里将设施供给水平中的对需求的适应能力评价指标放在最后给出，这是由于其虽为设施本身的属性，但其定义决定了其指标选择应根据设施运行状况指标进行。

1. 点——交叉口

1) 设施最大服务能力

交叉口的最大服务出行量指标选用“通行能力”，其定义和获取方法可参考 HCM2000 中的有关内容，这里从略。这里重点讨论评价设施最大服务能力的另一项内容——最小行程时间或最大行程车速。

车辆在交叉口的“行程时间”多以延误计。延误是指车辆通过交叉口的行程时间与无交叉口的行程时间之差，代表了驾驶员由于交叉口交汇流量的存在而产生的时间损失[74]。

关于“延误”的研究，本书第 3 章进行了简要综述，这里采用 HCM2000 中的计算方法，计算公式见式(3-4)—式(3-7)。

从式(3-4)—式(3-7)可以看到，由于信号灯的存在，自由流情况下交叉口的车均延误并非为 0，因此，这里选用“车均最小延误”作为表征交叉口最大服务能力的另一项指标，将其定义为交通需求流量为零时交叉口的车均延误。

对 d_1、d_2项进行分析，其值均随饱和度 X 的增加而增大，当饱和度 X 为 0，即需求为 0 时取得最小值，此时，$d_2=0$，而 d_1为

$$d_1 = 0.5C\left(1-\frac{g}{C}\right)^2 \tag{5-1}$$

车道组 i 车均延误的最小值 $d_{\mathrm{min}i}$ 为

$$d_{\mathrm{min}i} = 0.5C\left(1-\frac{g}{C}\right)^2 (PF) \tag{5-2}$$

对于一个进口道或交叉口的车均最小延误可取各车道组 $d_{\mathrm{min}i}$ 中的最小值，即

$$d_{\mathrm{min}t} = \min_i\{d_{\mathrm{min}i}\} \tag{5-3}$$

式中，$d_{\mathrm{min}t}$ 为交叉口进口道或整个交叉口的最小车均延误。其计算仅需信号灯配时参数，获取容易。

2）设施运行状况

根据相对性原则，这里选用“延误比”指标，其定义为：一定交通需求下，交叉口进口道车道组最小车均延误与实际车均延误的比值 R_{di}，即

$$R_{di} = d_{\mathrm{min}i}/d_i \tag{5-4}$$

式中　R_{di}——i 车道组的延误比；

　　d_i——i 车道组的实际车均延误。

可假设车辆在交叉口的虚拟行程距离为 L_{int}，则对 R_{di} 进一步分析，有

$$R_{di} = d_{\mathrm{min}i}/d_i = (L_{\mathrm{int}}/d_i)/(L_{\mathrm{int}}/d_{\mathrm{min}i}) \tag{5-5}$$

取 $V_i = L_{\mathrm{int}}/d_i$ 为车道组 i 的虚拟行程车速，$V_{f\mathrm{int}i} = L_{\mathrm{int}}/d_{\mathrm{min}i}$ 为车道组 i 的虚拟自由流车速，则有

$$R_{di} = V_{\mathrm{sec}i}/V_{f\mathrm{sec}i} = R_{V_i} \tag{5-6}$$

式中，R_{V_i} 为车道组 i 的虚拟行程车速比。

可见，R_{di} 的物理意义可以描述为驾驶员或乘客在交叉口的实际行程车

速与期望行程车速的比值。

对于整个进口道或交叉口可取 R_{di} 按流量加权的平均值。

R_{di} 的获取关键是车均延误的获取，可采用 HCM2000 中的方法，这里从略。

需要说明的是，车道组饱和度指标作为常用的相对性指标可用于评价交叉口的运行效率。在交叉口设计中，亦可辅以该项指标，取用不同车道功能饱和度尽量一致的设计原则，以在控制其畅通性基础上确保各车道组效率发挥的均衡性。这里关于畅通性的评价不选用该指标。

2. 线——城市干道

1）设施最大服务能力

根据第 2 章的有关分析，选用等效通行能力 C_e 和等效自由流车速 V_{ef} 作为评价指标，其获取方法可采用第 2 章的实测方法，也可根据本书第 4 章和第 5 章的内容采用参数修正的方法进行计算。

2）设施运行状况

选用“行程车速比”作为评价指标，其定义为车辆在道路上的实际行程车速与期望车速（即等效自由流车速）的比值：

$$R_{sV} = V/V_{fe} \tag{5-7}$$

式中　R_{sV}——行程车速比；

V——一定需求下的实际行程车速；

V_{fe}——等效自由流车速。

可通过实测法获取 V，也可以采用本书第 4 章给出的理论计算和参数修正的方法获得，进而得到 R_V。

3. 面——城市路网

对于面的评价较之点和线要复杂得多，这主要是由于：首先，路网是由路段和交叉口组成的，但并不是它们的简单相加，其网络布局也是路网本身的重要属性；其次，对路网而言，交通需求不再只是仅具有“数量”属性的一维变量，而是同时具有“数量”和“OD 分布形式”两个属性的二维变量，在评价中应当进行考虑。然而，需求的“OD 分布形式”在实际中很难获得。国内仅有少数大城市定期进行 OD 调查，且调查多为几年一次，难以满足评价的需要。因此，本节分别给出了基于 OD 分布的理论指标和无需 OD 分布的实用指标，并在本节和后面一节里，根据理论指标对实用指标进行了修正，给出了能相对客观地反映设施服务水平的实用性指标。

1）设施最大服务能力

理论指标研究

（1）最大服务出行量——路网容量

这里将路网所能容纳的最大出行量定义为路网容量。这里使用“最大出行量”是由于表述路网容量的指标除最为常用的表征交通个体数量的“最大流量”外，还有“最大车公里”“最大车辆数/公里”等，这里将其统称为“最大出行量”。

关于路网容量的研究很多，表 5－2 对其进行了归纳总结[74-82]。

表 5－2　已有路网容量研究汇总和对比分析

因素 方法	路网拓扑结构	OD 需求分布	路段和交叉口容量	出行者路径选择	服务水平	随机因素
单物流容量	需建立	单 OD 对	预先给定物理容量极限值	未考虑	未考虑	未考虑
多物流容量	需建立	多 OD 对，预先给定 OD 分布	预先给定物理容量极限值	未考虑	未考虑	未考虑
基于线性规划的路网容量	需建立	多 OD 对，预先给定 OD 分布	预先给定物理容量极限值	未考虑	未考虑	未考虑
双层规划模型	需建立	多 OD 对，预先给定 OD 分布	预先给定物理容量极限值	考虑，采用 UE 原则	未考虑	未考虑

续 表

因素 方法	路网拓扑结构	OD需求分布	路段和交叉口容量	出行者路径选择	服务水平	随机因素
过量需求规划模型	需建立	多OD对，预先给定OD分布	多OD对，预先给定OD分布	考虑，采用UE原则	未考虑	未考虑
基于ETDA-VDC模型	需建立	多OD对，预先给定已有OD量和分布，考虑运量分配	考虑物理、环境容量等，亦可加入饱和度要求	考虑，采用ETDA-VDC原则	考虑	未考虑
时空消耗法	无需建立	隐含	预先给定物理容量极限值	隐含	未考虑	未考虑
供给分析法	无需建立	隐含	预先给定物理容量极限值	隐含	未考虑	未考虑
随机型路网容量*	需建立	多OD对，预先给定OD分布	预先给定物理容量分布	考虑，采用PUE原则	考虑	考虑路段容量可变性

对已有路网容量研究中可以看到：首先，正如前面所说，OD分布是容量理论研究中不可或缺的重要因素，虽然时空消耗法和供给分析法不需要OD分布形式，但其需要调查众多的参数，而这些参数事实上是OD分布的隐含反映；其次，出行者的路径选择行为在进行容量分析时应当予以考虑，因为它是道路网区别于其他网络的重要特征，是道路网复杂性的根本所在。

能够综合考虑上述两方面的模型多为双层规划模型，这类模型在研究中遇到的一个重要问题就是求解路段容量约束下的用户均衡（User Equilibrium, UE）分配问题，本书针对这一问题从路阻函数中变量的含义入手进行了分析。

路段的路阻函数又称为路段的特征函数[83]，它描述了车辆在路段上的行程时间与路段流量的关系，是UE分配中的重要元素。路段行程时间通常由两部分组成：无交叉口的正常行驶时间和交叉口存在所带来的延误时间。因此，构造路阻函数最为直接的想法就是建立以上两部分时间与流量的关系。然而，在城市路网分析中，人们更多使用的是经过简化的函数。这主要是由于在均衡分配中要多次计算路阻函数，复杂的函数形式将带来沉重的计算负担。简化的函数中最为常用的为 BPR 函数，其形式如下：

$$t_a = t_a^0\left[1+\alpha\left(\frac{x_a}{c_a'}\right)^\beta\right] \tag{5-8}$$

式中　t_a 和 x_a——路段 a 的行程时间和流量；

t_a^0——路段 a 的自由流行程时间；

c_a'——路段 a 的实际通行能力；

α、β——参数，典型值为 $\alpha = 0.15$，$\beta = 4$。

其曲线形式如图 5-2 所示。

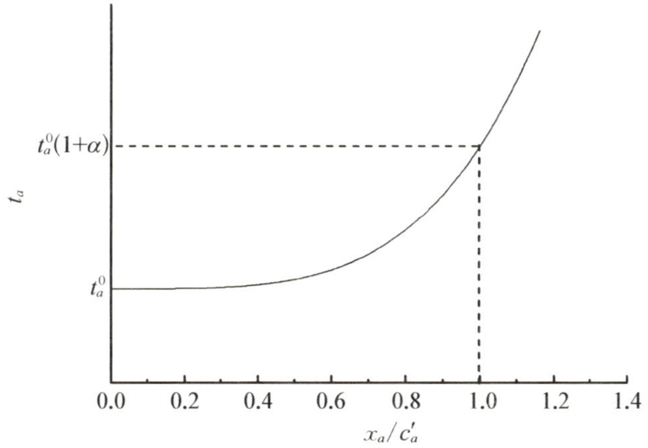

图 5-2　BPR 函数示意图

由于 BPR 函数曲线在 x_a/c_a' 趋向于 1 时，并未趋向于无穷大，因此，基于这一路阻函数进行用户均衡分配的结果往往会出现路段的流量大于其通行能力的情况。为此，Davidson 函数被提出以弥补 BPR 函数的这一缺陷，但采用了这一函数的分配模型求解速度明显减慢。也有很多研究者在用户均衡模型中增加了路段容量约束，然而模型求解变得十分困难。

由于交通分配模型对路阻函数的单调性要求，路阻函数更适合用来描述路段行程时间与交通需求而非交通流量的关系。这是因为：在一定的交通流模型下，如建立流量与行程时间的关系函数，则其曲线将不再是单调增加的，而应当是如图 5 - 3 所示的形式。

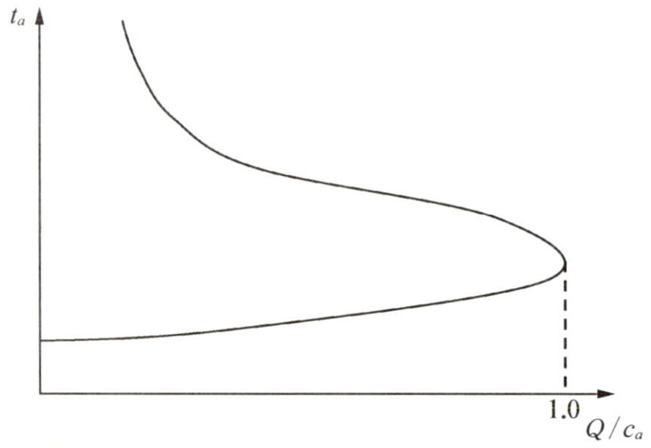

图 5 - 3　采用实际流量的路段性能函数曲线

事实上，Yosef Sheffi 在其书中指出：之所以路阻函数不直接采用交叉口延误等模型是由于其复杂的形式会带来计算量的大幅增加，并认为可以采用形式复杂的模型对路阻函数进行标定。而从前面对交叉口延误公式的分析可以看出，其公式中所采用的为交叉口的到达流量而非通过量，即采用的是路段的交通需求量，而非流量。而 BPR 函数的提出者，美国联邦公路局更是在 1991 年试图基于 1985 年 HCM 手册中的交叉口延误和路段行程时间模型对函数中的参数进行标定。这说明，BPR 函数中 x_a 的确切含义应当为路段 a 的交通需求量。

基于以上路段性能函数的分析，本书认为，在用户均衡分配中所采用的路阻函数应当以路段的交通需求量为自变量，进而用户均衡分配的结果应当是交通需求在各个路段上的分布，而非路段实际流量。易知，在路段需求量小于通行能力时，需求量等同于流量，而当需求量大于流量时，二者不同。欲将此时路段的需求量转换成实际流量，可简单地采用行程时间等效法。

如图 5 - 4 所示，当 UE 分配结果的路段需求大于通行能力时，设其比值

为 μ,则由路阻函数可求得路段行程时间 $t_a(\mu)$。在基于流量的路段特征函数曲线上找到相同行程时间的点,则认为其对应的流量通行能力比值即为 UE 分配得到的路段上的实际饱和度,由此可得到路段在分配需求为 μc_a 下的实际流量 qc_a。当采用具体交通流模型时,可简单推导得到二者的关系。

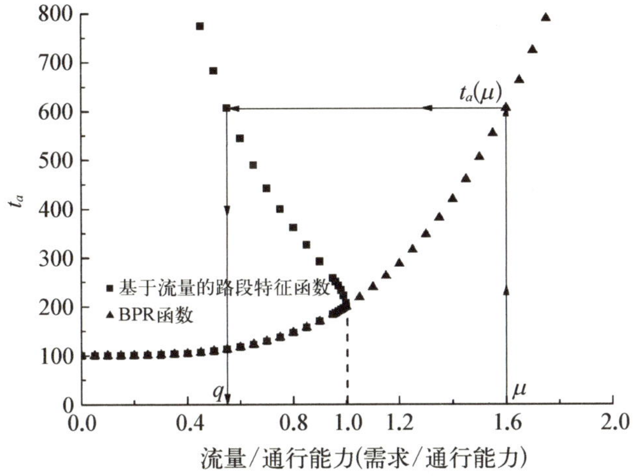

图 5－4　流量计算的时间等效法

a) 路网容量理论模型

明确了路阻函数中自变量的含义,建立路网容量计算的模型如下:

$$\max_{Q} \sum_{A} q_a[x_a(Q)]L_a$$

给定 Q 时,$x_a(Q)$满足:

$$
\begin{aligned}
& s.t.\ Q \geqslant 0 \\
& \min_{v_a} \sum_{a \in A} \int_0^{x_a} t_a(x)\mathrm{d}x \\
& s.t.\ \sum_{r \in R_{IJ}} f_r^{ij} = Q\hat{q}_{ij},\ i \in I,\ j \in J, \\
& x_a = \sum_{i \in I} \sum_{j \in J} \sum_{r \in R} f_r^{ij} \delta_{ar}^{ij},\ a \in A, \\
& f_r^{ij} \geqslant 0,\ i \in I,\ j \in J,\ r \in R_{ij}, \\
& x_a \geqslant 0
\end{aligned}
\tag{5-9}
$$

式中　A——路网所包含的所有路段的集合；

x_a——路段 a 上的交通需求量；

q_a——路段 a 上的交通流量；

L_a——路段 a 的长度；

R_{ij}——OD 对 i，j 间的路径集合；

f_r^{ij}——R_{ij} 中路径 r 上的流量；

δ_{ar}^{ij}——路段——路径相关变量；

I——交通产生点集；

J——交通吸引点集；

$\hat{q}_{ij}$——单位 OD 分布矩阵；

Q——网络需求加载系数。

模型的上层为求路网容量最大值时对应的 OD 矩阵的加载系数。需要说明的是，这里采用流量和路段长的乘积作为出行量的度量单位，主要是考虑其计算仅需要路段流量和长度即可，在实际中获得要比出行个体总量即流量的获取容易。下一层为给定 Q 下，求解路网流量的均衡分配问题。这里基于前面章节提出的等效通行能力概念，对下、上层目标函数中 t_a 和 q_a 的函数形式进行讨论。

t_a 为路阻函数，这里选用最常用的美国 BPR 函数进行讨论，其形式如前面所述。对于不同的城市，不同的时期，α、β 都会不同，因此，在实际应用时，必须进行标定。另外，对于城市道路而言，t_a^0 的取值难以确定，而通常选用的路段自由行驶时间与实际情况相差甚远。同时，c_a' 的定义也与传统概念不同：Yosef Sheffi 认为，在 α 取值为 0.15 时，其定义为行程时间大于自由流行程时间 t_a^0 15%时的流量。显然，在这一定义下，随 a 变化，c_a' 具有不同的含义，物理意义不明确，且在这一定义下的 t_a^0 和 c_a' 均需要实际标定。因此，采用这一自由流行程时间和通行能力定义下的路阻函数在实际应用中需要标定 α、β、t_a^0 和 c_a' 四个参数，既烦琐又难以准确。故本研究尝试将等效通行能力的概念引入模型，对模型参数进行简化，使其更便于实际应用。

根据等效通行能力的概念，采用 Greenshields 流-密-速关系模型，有下列关系：

$$\begin{aligned} V_{ea} &= V_{fea} \times (1 - k_{ea}/k_{jea}) \\ q_{ea} &= k_{ea} V_{ea} \end{aligned} \tag{5-10}$$

式中　V_{fea}——等效自由流车速；

K_{jea}——等效拥塞密度；

q_{ea}——等效流量；

k_{ea}——等效密度；

V_{ea}——等效速度。

推导得出：

$$\begin{aligned} c_{ea} &= V_{fea} K_{jea}/4 \\ V_{ea} &= [V_{fea} K_{jea} \pm \sqrt{(V_{fea}^2 K_{jea}^2 - 4 \times K_{jea} V_{fea} q_{ea})}]/2 \end{aligned} \tag{5-11}$$

式中，c_{ea} 为等效通行能力。

为了保证 UE 分配的收敛性和解的唯一性，路阻函数必须为单调递减函数，考虑稳定流一侧，有 $x_a = q_{ea}$，由此得到

$$T'_a = 2 \times T'_{a0}/(1 + \sqrt{1 - x_a/c_{ea}}) \tag{5-12}$$

式中　T'_a——自由流行程时间，取值为 l_a/V_{fea}；

l_a——路段长度；

T'_{a0}——行程时间。

将上式与 BPR 路阻函数相拟合，由于 BPR 中对 c'_a 的定义，得到在 Greenshields 模型下，α 取值为 1。求解下述最优化问题：

$$\min Z = \int_0^{c_{ea}} [z_1(x_a) - z_2(x_a)]^2 \mathrm{d}x$$

$$\begin{cases} z_1(x) = T'_{a0}[1 + \alpha(x_a/c_{ea})^{\beta}] \\ z_2(x) = 2 \times T'_{a0}/(1 + \sqrt{1 - x_a/c_{ea}}) \\ \alpha = 1 \end{cases} \tag{5-13}$$

求解上述最优化问题，得到 β 取值为 3.45。最终取路阻函数为

$$t_a = \frac{l_a}{V_{fea}}\left[1 + \left(\frac{x_a}{c_{ea}}\right)^{3.45}\right] \tag{5-14}$$

采用这一系数，取 $l_a/V_{fea} = 100$，优化结果见图 5-5。

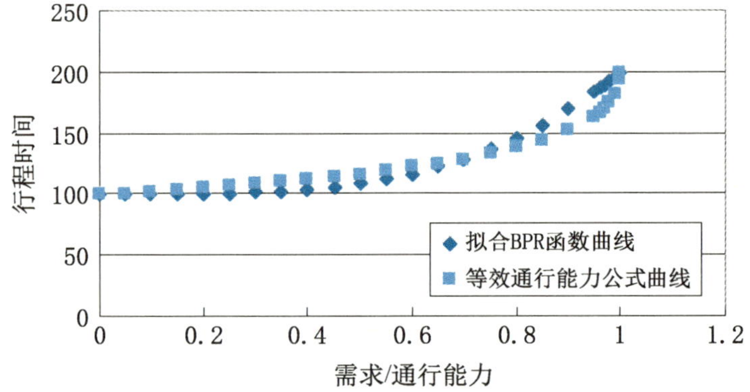

图 5-5 优化结果例图(T_0=100)

可见，将等效通行能力引入 BPR 模型后，α、β 两个参数的数值唯一确定，而 t_a^0 和 c_a' 也具有非常明确的物理意义，对城市道路按其道路交通条件进行分类，采用第 2 章或后续章节中的方法分别调查建模，给出不同类型道路 c_a' 和 V_{fea} 推荐值，即可在今后的交通分配中得以方便地应用。

值得注意的是，上述过程仅为对非饱和情况的拟和，对于过饱和一段则只是简单地进行外延，应当在今后的研究中通过大量的调查对 β 进行进一步的修正。

对于路段实际流量 q_a 可按图 5－3 给出的时间等效法进行计算如下：

当 $\mu \leqslant 1$ 时，

$$q_a(x_a) = x_a$$

当 $\mu > 1$ 时，按路阻函数，有

$$t_a = t_a^0(1+\mu^{3.45})$$

按等效流密速的 Greenshields 模型，有

$$t_a = 2t_a^0 / \left(1-\sqrt{1-q_a}\right)$$

由时间等效原则，有

$$q = 1-\left(1-\frac{2}{1+\mu^{3.45}}\right)^2 \tag{5-15}$$

因此有

$$q_a(x_a) = c_{ea}\left[1-\left(1-\frac{2c_{ea}^{3.45}}{c_{ea}^{3.45}+x_a^{3.45}}\right)^2\right]$$

b）理论模型求解

模型求解可简单地采用增量加载法，求解过程如下：

步骤 1：变量初始化。给出 OD 分布形式 $\hat{q}_{ij}$，并取加载系数步长为 ΔQ，最大加载系数为 Q_c，取 $m=0$，$Q_m=0$，$Q_c=0$，$Z_{\max}=0$，算法终结系数 $\xi=0.5$；

步骤 2：取 $m=m+1$，$Q_m=Q_{m-1}+\Delta Q$，采用传统的 Flank－Wolfe 算法求解模型下层的用户均衡分配问题，求得 $x_{am}(Q_m)$；

步骤 3：采用时间等效法计算 $q_a^m(x_a^m)$，计算 $Z_m=\sum\limits_A q_a^m L_a$；

步骤 4：如果 $Z_{\max} \leqslant Z_m$，则取 $Z_{\max}=Z_m$，$Q_c=Q_m$，否则进行如下判断：

当 $Z_m/Z_{\max} > \xi$ 时，转到步骤 2；

当 $Z_m/Z_{\max} \leqslant \xi$ 时，计算结束。

求解结果为路网的理论容量为 $Z_{\max}$，此时，容纳的加载 OD 矩阵为 $Q_c\hat{q}_{ij}$。

(2) 网络自由流行程车速

仿效点、线的相关评价指标，仍选用网络自由流行程车速作为设施最大服务能力的评价指标，其定义为在 OD 加载系数 $Q=0$ 时各个 OD 对行程车速的加权平均值，这里取按流量加权的平均值。其计算方法十分简单：

首先，采用标号法计算任意 $Q=0$ 时 OD 对 ij 间的最短路径，计算该路径长度 L_{ij} 和行程时间 t_{ij}^0；

而后，计算 OD 对 ij 间的最大行程车速 $V_{ij}^0 = L_{ij}/t_{ij}^0$；

最后，按分布形式 $\hat{q}_{ij}$ 中各个 OD 对间的流量比例对 V_{ij}^0 进行加权平均，计算得到网络自由流行程车速 $V_{netf} = \sum_{ij} V_{ij}^0 q_{ij} \Big/ \sum_{ij} q_{ij}$。

2) 实用性指标选择

在 OD 分布形式未知的多数实际情况下，无法按上面方法求解得到路网的设施供给水平评价理论指标，但由于采用了“车公里”作为容量的度量指标，只需采集各个路段的流量即可计算出行量，因此可以通过建立实际路网出行车公里数与本节后面提到的实际运行水平的关系模型回归得到上述 $Z_{\max}$，本书没有对这一方面进行深入探讨。

本书选择路网各条道路所能容纳的最大车公里数之和作为路网容量的实用性指标。显然，其值将不小于理论指标 $Z_{\max}$，这里将之称为理想容量，记为 C_{net}^e，由定义易知

$$C_{net}^e = \sum_A c_{ea} L_a \tag{5-16}$$

V_{netf} 在实际中也是难以获得的，故对应于 C_{net}^e 的定义，这里取为路网上

各个路段等效自由流车速按等效通行能力的加权平均值，称为理想自由流车速，记为 C_{net}^{e}，易知

$$V_{net}^{e} = \sum_{A} c_{ea} V_{fea} \Big/ \sum_{A} c_{ea} \tag{5-17}$$

C_{net}^{e}、V_{net}^{e} 代表路网形态与 OD 分布形式完全匹配的一种理想情况，即当以每个交叉口为 O、D 点，且各个 OD 对之的流量比例恰为其对应起止交叉口间路段通行能力之比时，其路网理论容量 $Z_{\max}$ 与 C_{net}^{e} 相等，理论网络自由流行程车速 V_{netf} 与 V_{net}^{e} 相等。为了反映路网理想供给能力与实际 OD 下供给能力的差异，在实用性指标中可引入 $M_{net}^{OD} = Z_{\max}/C_{net}^{e}$ 作为衡量路网形态与 OD 分布形式匹配程度的指标，有 $M_{net}^{OD} \leqslant 1$，M_{net}^{OD} 越接近 1，则表明路网形态与 OD 分布形式匹配越佳。

3）设施运行状况

（1）理论指标研究

仿效点、线运行状况评价指标，这里以 V_{netf} 作为驾驶员或乘客对出行行程车速的期望值，同样选用行程车速比 R_{netv} 作为评价指标，其在路网层面定义为：一定交通需求 Q 下，车辆在路网上的实际行程车速平均值与期望行程车速（即 V_{netf}）的比值，即

$$R_{netv} = V_{net}/V_{netf} \tag{5-18}$$

式中，V_{net} 为实际网络行程车速，其计算方法与 V_{netf} 类似，仍取 $Q=0$ 时的最短路径长度 L_{ij} 作为 OD 对 i，j 间的行程距离，所不同的仅为 Q 值非零，故这里略去其算法。

（2）实用性指标选择

显然，在 OD 分布形式未知的情况下，上述运行状况评价理论指标也无法获得。为了保证指标的实用性，最简单的办法就是对线评价的结果进行简单加权得到面评价的结果。这就回到第 1 章中提到的问题：如何使得路

网系统的评价指标与单独设施的评价指标具有一致性？为此，这里首先提出“设施运行水平评分”指标来统一点、线、面三层的运行状况评价指标。

a）设施运行水平评分

为了更好地描述驾驶员或乘客对设施运行状况的满意程度，这里建议统一采用基于上述指标的运行状况评分作为设施运行状况评价的最终指标。涂辉招在其硕士论文[71]给出的面向“线”层面的评分曲线如图 5－6 所示。

图 5－6 所给出的评分曲线面向线的评价，其横坐标为密度比 β，在 Greenshields 流-密-速关系模型下，有

$$\beta = 1 - R_{sv}$$

由前面的分析可知，点和面的相应运行状况评价指标 R_{di} 和 R_{netv} 都可看作行程车速比值，故这里取 β 为

$$\beta = \begin{cases} 1 - R_{di} & \text{点} \\ 1 - R_{sv} & \text{线} \\ 1 - R_{netv} & \text{面} \end{cases} \tag{5-19}$$

由此，三个层次的设施运行状况均可采用图 5－6 所示的运行状况评分曲线进行评价，表 5－3 给出了面向线评价的分级标准。

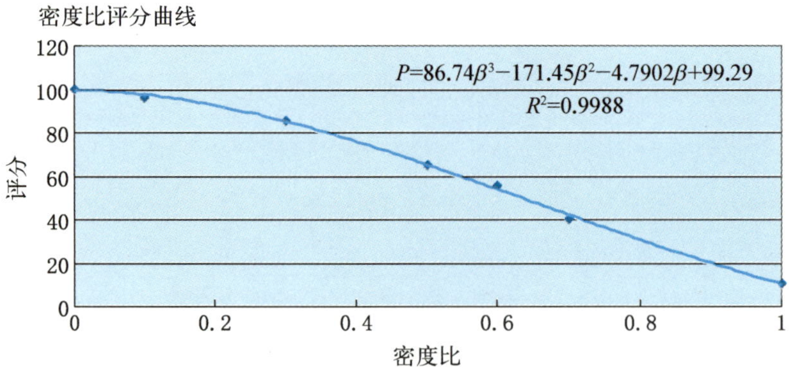

图 5－6　运行状况评分曲线

表 5－3　线运行状况评价分级标准

评　分	80～100	65～80	30～65	10～30
等　级	畅　通	较畅通	拥　挤	堵　塞

对于点和面而言，其分级标准应当通过大量的实际调查获得，本书不作论述。

b）修正的实用性指标

由线运行水平评分加权计算面运行水平评分的方法目前常用的有按流量、长度和车公里数三种加权方法[84]，究竟哪种方法更接近于理论评价指标呢？

为了分析这一问题，首先针对表 5－4 中 OD 分布形式下的图 5－7 所示路网分别计算不同加载系数 Q 下的理论运行水平评分和三种简化加权平均（按流量、长度和车公里）运行水平评分值。

表 5－4　OD 分布形式

O \ D	3	4
3	0	1
4	1	0

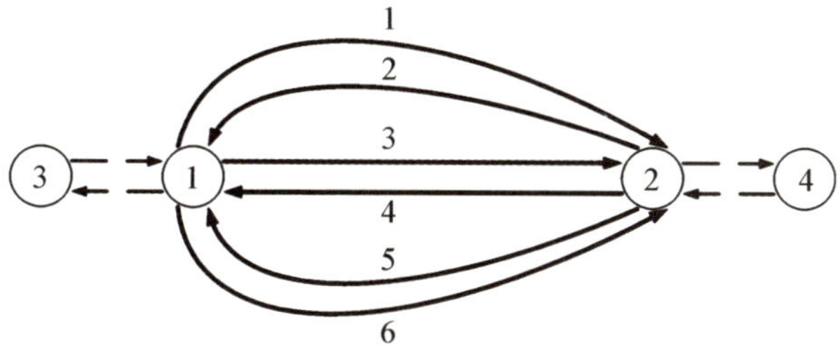

图 5－7　路网示例

图 5－7 中，1、2 为路网中两个节点，之间有 1—6 共 6 条道路相连，3、4 为交通产生和吸引点。路网的基本参数设置见表 5－5。

表 5-5 道路参数设置

道路编号	长度(m)	等效自由流车速(km/h)	等效通行能力(veh/h)
1	1 000	44.8	2 004
2	1 000	44.8	2 004
3	100	11.6	669
4	100	11.6	669
5	1 000	44.8	2 004
6	1 000	44.8	2 004

计算结果如图 5-8 所示。从理论运行状况评分曲线可以看到，随加载系数 Q 的增加，路网的运行水平经历了急剧下降阶段Ⅰ、缓慢下降阶段Ⅱ和增速下降阶段Ⅲ三个阶段。分析其原因主要是加载初期，流量人量集中于路段 3 和 4，运行水平对 Q 的敏感度最高，而后流量开始在另外 4 条道路上加载，运行水平对 Q 的敏感度降低。当另外 4 条道路的交通运行状况达到与 3、4 相同的水平后，整个路网的运行水平下降开始增速。

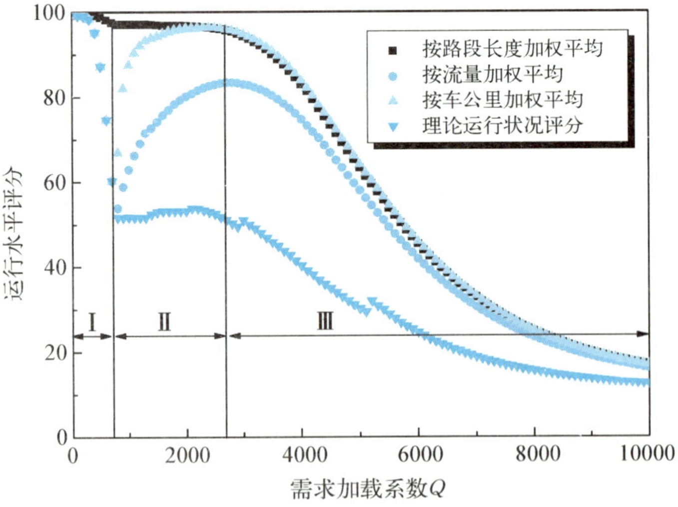

图 5-8 路网运行状况评价结果对比

三种简化的加权平均运行水平评分曲线都不能很好地描述这一过程：按流量和车公里数加权可以较好地描述加载初期的情形，但会出现运行水平评分随 Q 增加而提高的异常现象，这显然与实际不符，却可以反映此时流量开始向 3、4 以外道路流动，运行水平下降趋缓的过程；而按长度加权曲线随 Q 增加而单调下降，但不能反映路网在加载初期运行状况迅速恶化的情况，会过分高估路网的运行状况。

综合上述特点，本书初步提出了基于按流量加权平均和按长度加权平均的修正指标。从两条评分曲线读取修正值进而对按长度加权平均的运行水平评分进行修正。以本路网为例给出修正过程。

步骤 1：首先绘制按流量加权平均和按长度加权平均的运行水平评分曲线，实际中横坐标可采用时刻，时刻应当以按长度加权平均的评分曲线单调下降为标准排列，本例即为图 5－8 中的两条对应曲线；

步骤 2：寻找两条曲线距离最远的一点，以此作为阶段Ⅰ和阶段Ⅱ的分界点时刻 a，并记录该时刻两条曲线对应点的评分差值 ΔG，并记录横坐标起点时刻和终点时刻两条曲线对应点的评分差值 ΔG_s 和 ΔG_e。本例如图 5－9 所示，$\Delta G_s = 0$，$\Delta G_e = 0.63$；

步骤 3：查看从 a 开始按流量加权平均评分曲线是否出现上升趋势，如有，则取上升阶段终点时刻作为另一个阶段分界点 b，本例如图 5－8 所示，如无，则取 $b = a$；

步骤 4：按 ΔG、a 和 b 给出梯形修正曲线，如图 5－10 所示。

当 $b = a$ 时，为三角形修正。

步骤 5：将按路段长度加权平均的评分曲线按时刻减去图 5－10 所给出的相应修正值，即得实用性加权平均评分，本例修正结果见图 5－11。

可见修正加权平均评分与理论评分符合较好。

4. 设施的适应性评价

设施的适应性用来描述设施对交通需求变化的响应情况，可采用运行

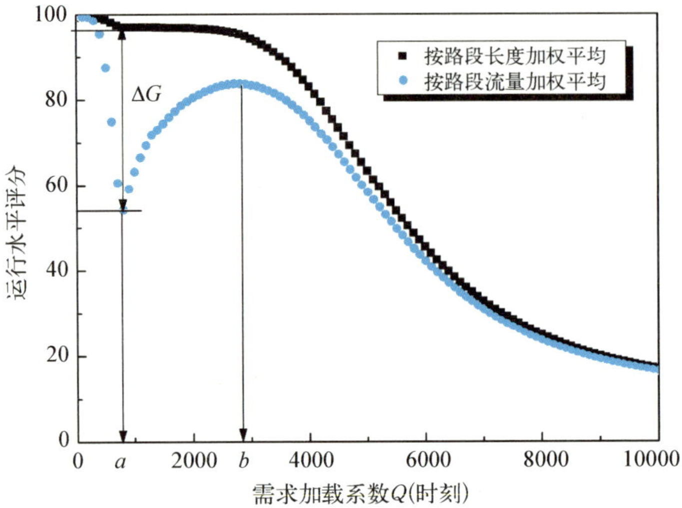

图 5-9　修正值的获取

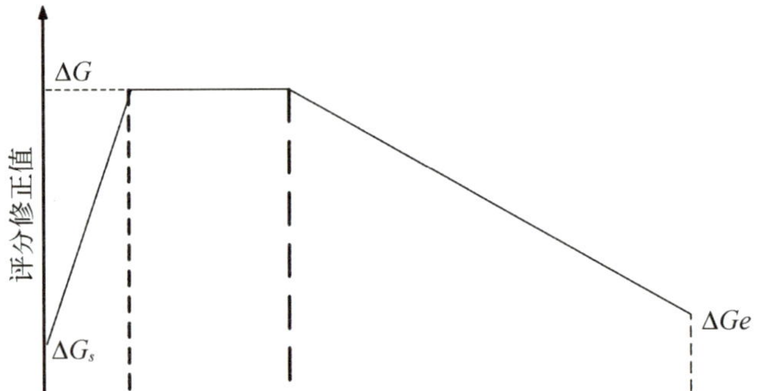

图 5-10　运行水平评分修正曲线

状况评分随需求变化的性能曲线来表征。这一指标主要是面向路网设施评价提出的。如前面所述，由于 OD 分布形式的存在，用路网容量和网络自由流行程车速来描述其最大服务能力并不全面。仍以表 5-4 中 OD 分布形式下图 5-7 所示路网为例进行分析。调整 1—6 道路的相关参数，得到 4 种路网，其各项参数列于表 5-6 中。

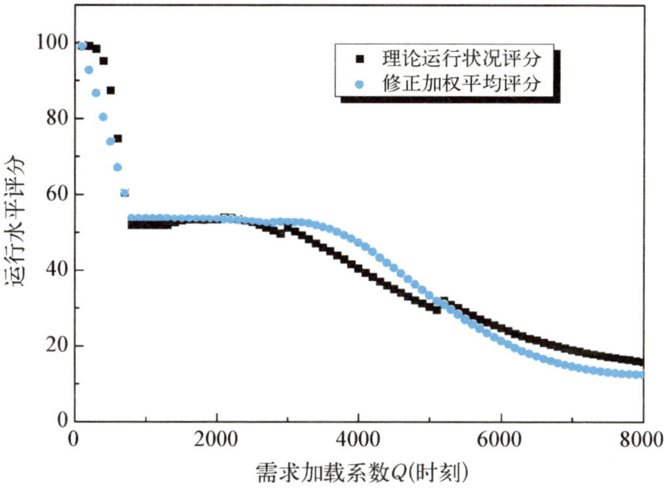

图 5-11　运行水平评分修正结果

表 5-6　道路参数设置

路网	道路编号	长度(m)	等效自由流车速(km/h)	等效通行能力(veh/h)
Ⅰ	1	700	35.8	1 627
	2	700	35.8	1 627
	3	700	35.8	1 627
	4	700	35.8	1 627
	5	700	35.8	1 627
	6	700	35.8	1 627
Ⅱ	1	800	38.8	1 760
	2	800	38.8	1 760
	3	500	29.3	1 360
	4	500	29.3	1 360
	5	800	38.8	1 760
	6	800	38.8	1 760
Ⅲ	1	900	41.8	1 893
	2	900	41.8	1 893
	3	300	22.0	1 068

续　表

路网	道路编号	长度(m)	等效自由流车速(km/h)	等效通行能力(veh/h)
Ⅲ	4	300	22.0	1 068
	5	900	41.8	1 893
	6	900	41.8	1 893
Ⅳ	1	1 000	44.8	2 004
	2	1 000	44.8	2 004
	3	100	11.6	669
	4	100	11.6	669
	5	1 000	44.8	2 004
	6	1 000	44.8	2 004

采用前面路网容量模型(图 5－12)可以求得四种路网的路网容量。而后采用增量加载法,但不再将分配结果的路段需求流量转换成实际流量,而是记录对每次加载进行分配后路网的需求车公里数,并按式(5－22)和式(5－23)方法计算相应的路网运行水平评分,即可画出路网运行水平评分随需求容量比的变化曲线,结果见图 5－12。

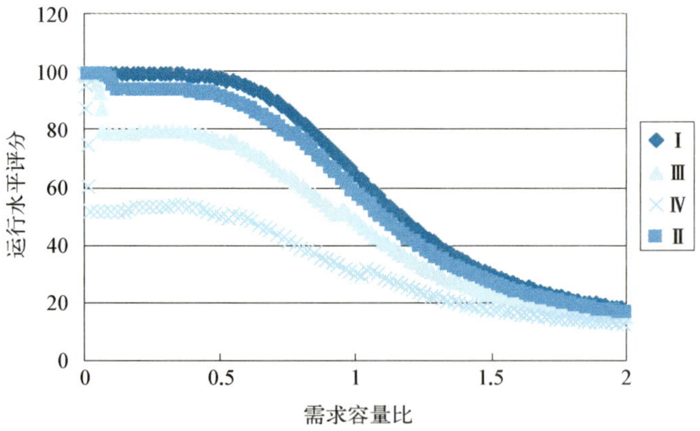

图 5－12　4 种路网性能曲线对比

从图中可以看到,4 种路网中路网Ⅳ对交通加载的适应性最差,在加载初期运行状况即迅速恶化,而路网 Ⅰ 最好。如前所述,这是由于流量加载初期，路网Ⅳ道路 3、4 长度最短，流量集中在最短路径 3、4 上，运行状况对流量的敏感度最高，而另外 4 条道路根本得不到有效利用。产生这一现象的根本原因是路网Ⅳ的形态与 OD 分布形式最不相符，从而导致需求在路网上的分布很不均匀。由此，也可采用前文提到的 M_{net}^{OD} 作为评价路网对交通适应水平的指标。以上 4 种路网的 M_{net}^{OD} 计算结果见表 5－7。

表 5－7　4 种路网 M_{net}^{OD} 计算结果

路网类型	Ⅰ	Ⅱ	Ⅲ	Ⅳ
M_{net}^{OD}	1	0.80	0.57	0.27

可见 M_{net}^{OD} 反映了与图 5－12 相同的规律。因此，为了简化指标体系，建议采用理论容量与理想容量之比 M_{net}^{OD} 作为路网设施适应性评价指标。

5.3.3　服务水平评价指标体系

根据以上分析，给出城市路网服务水平评价指标体系如图 5－13 所示。

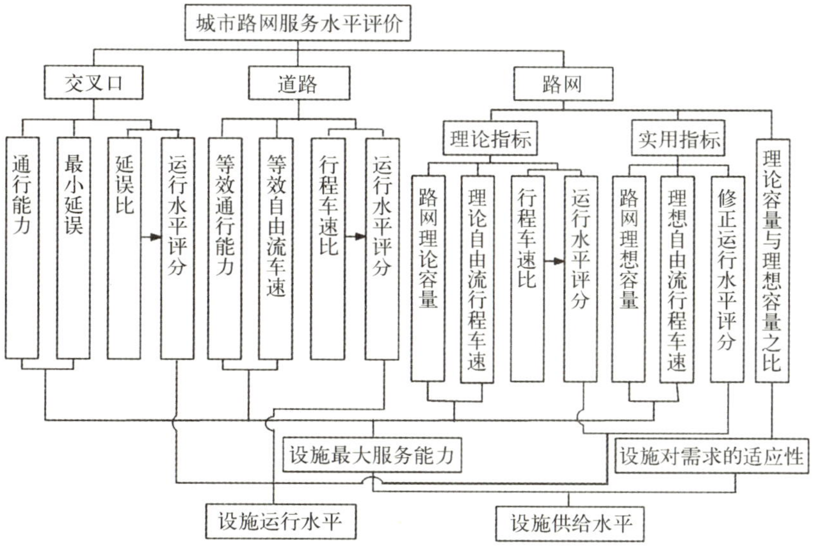

图 5－13　城市路网服务水平评价指标体系

5.4 本章小结

本章从城市路网服务水平评价的目的出发，对服务水平的概念进行了重新诠释，指出服务水平评价应当分为设施供给水平和运行水平两个方面。研究根据这一概念分交叉口、道路和路网三个层次分别给出了相应的评价指标及其获取方法。并针对实际中路网评价所需的OD分布形式获得困难的问题，给出了相应的实用性指标。最后给出了完整的评价指标体系。

第6章

局部路网合理交叉口间距问题分析

本章和第 7 章以前面章节研究为基础，在路网层面讨论交叉口间距的影响。本章面向局部路网，讨论在不考虑 OD 情况下，一些路网扩容措施中的合理交叉口间距问题。第 7 章面向整体路网，讨论交叉口间距在路网设计模型中的应用。

6.1 增加道路的合理性判别

当道路供给不能满足交通需求时，措施之一就是进行道路建设，提高路网容量。然而增加道路必然要截断与其相交的道路，造成其交叉口间距的减小，容量会随之降低，当增加道路的容量小于与其相交道路容量的降低值时，增加道路就不再合理。

6.1.1 道路基本条件假设

分析中假设增加道路和相交道路的基本条件一致，以下述道路基本条件为例进行说明。

(1) 道路为双向行驶道路，单向 2 车道，交叉口进口道 2 车道；

(2) $\frac{g}{C} = 0.5$；

(3) $C = 150$ s；

(4) $PF = 1$；

(5) $k = 0.5$；

(6) $I = 1$；

(7) $V_{f1\,000} = 60$ km/h。

6.1.2 增加道路的影响范围分析

1. 影响范围分析方法

一条城市道路被相交道路分割成交叉口间距为 L_m 的 n 段，这里，为了方便，称其为主线道路。现增加 n' 条道路与其相交，如图 6-1 所示，显然，相交道路的新建必然会使其附近若干段主线道路的容量降低，确定一个合理的影响范围，不仅是判别增加道路的合理性的关键，也可以为交通工作人员在实际道路工程的规划、设计和建设过程中确定交通影响分析的范围提供依据。

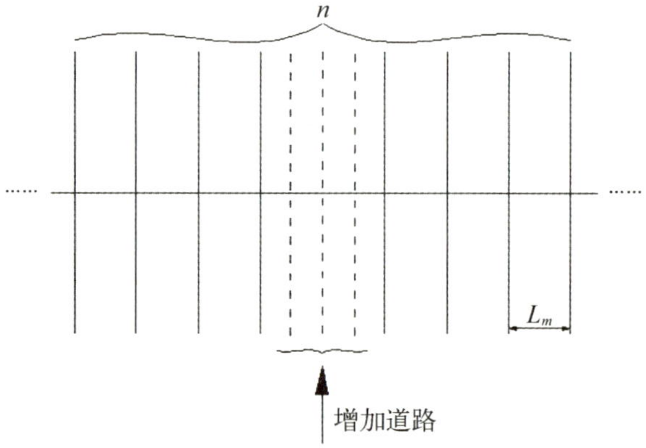

图 6-1 增加道路影响分析示意图

设增加道路的影响范围为以新建道路所在段为中心的 $2n_e+1$ 个路段，新建道路所在段记为路段 0，向两侧依次为 1、1′；2、2′；…；n_e、n_e'。下面

给出求解 n_e 的分析方法和具体步骤。

由于我们对路网理想容量选用“车公里”进行计量，使其具有良好的可叠加性。因此，在新建道路前，$2n_e+1$ 个路段的路网理想容量可表示为

$$C_{netsum}^{n_e}=\sum C_{ei}\times L_m=\sum C_{neti}\quad i\in\{0,1,1',2,2',\quad,n_e,n_e'\}\tag{6-1}$$

式中　$C_{netsum}^{n_e}$——主线道路 $2n_e+1$ 个路段的原路网理想容量；

C_{ei}——编号为 i 的主线路段的等效通行能力；

C_{neti}——编号为 i 的主线路段的路网理想容量。

同理，新建道路后，$2n_e+1$ 个路段的路网理想容量可表示为

$$C'^{n_e}_{netsum}=\sum C'_{ei}\times L_m=\sum C'_{neti}\quad i\in\{0,1,1',2,2',\quad,n_e,n_e'\}\tag{6-2}$$

式中，$C'^{n_e}_{netsum}$、C'_{ei} 和 C'_{neti} 分别为新建道路后为主线道路 $2n_e+1$ 个路段的路网理想容量、编号为 i 的主线路段的等效通行能力和编号为 i 的主线路段的路网理想容量。

则新建道路所带来的主线道路的容量减少值 ΔC_{netsum} 可表示为

$$\Delta C_{netsum}^{n_e}=C_{netsum}^{n_e}-C'^{n_e}_{netsum}=\sum(C_{ei}-C'_{ei})L_m=\sum\Delta C_{neti}\tag{6-3}$$

即新建道路所带来的主线道路路网理想容量的降低值等于受其影响的各段道路容量降低值之和。

由此，当 $n_e>1$ 时，则有

$$\Delta C_{netn_e}+\Delta C_{netn_e'}=\Delta C_{netsum}^{n_e}-\sum\Delta C_{netj}\tag{6-4}$$

$$j\in\{0,1,1',2,2',\quad n_e-1,(n_e-1)'\}$$

当 $n_e=1$ 时，则有

$$\Delta C_{netn_e} + \Delta C_{netn_e'} = \Delta C_{netsum}^{n_e} - \sum \Delta C_{netj} \quad j = 0 \tag{6-5}$$

由 n_e 和 n_e'的对称性可知

$$\Delta C_{netn_e} = \Delta C_{netn_e'} = (\Delta C_{netsum}^{n_e} - \sum \Delta C_{netj})/2 \tag{6-6}$$

由式(6-3)可知，式(6-6)中，$\sum \Delta C_{netj} = \Delta C_{netsum}^{n_e-1}$，则有

$$\Delta C_{netn_e} = \Delta C_{netn_e'} = (\Delta C_{netsum}^{n_e} - \Delta C_{netsum}^{n_e-1})/2 \tag{6-7}$$

这为后面采用递推的方法计算 n_e奠定了基础。

以上均假设 $n_e \geqslant 1$，实际中可能出现 $n_e = 0$，此时：

$$\Delta C_{netn_e} = \Delta C_{netsum} \tag{6-8}$$

显然，随路段距路段 0 距离的增加，其受新建道路的影响逐渐减小，取 $\Delta C_{netn_e}/C_{netn_e} < \varepsilon$ 作为边界路段判别的标准，给出确定 n_e的步骤如下：

步骤 1：数据准备。按前面章节的方法，计算给定的道路基本条件下，不同交叉口间距对应的道路等效通行能力；

步骤 2：初始化。取 $n_e = 0$，计算新建 n'条道路后路段 0 的交叉口间距 $L_0 = L_m/(n'+1)$，采用线性内差法从步骤 1 的计算结果中分别读取新建道路前后不同交叉口间距 L_m和 L_0对应的道路等效通行能力 C_{e0}和 C_{e0}'，根据式(6-3)和式(6-8)计算路段 0 的路网理想容量的降低值 ΔC_{net0}，并取 $C_{neto} = C_{e0} \times L_m$，转步骤 4；

步骤 3：$n_e = n_e + 1$，计算新建 n'条道路后 $2n_e+1$ 个路段的平均交叉口间距 $L' = L_m/(n' + 2n_e + 1)$，采用线性内差法从 step1 的计算结果中分别读取新建道路前后不同交叉口间距 L_m和 L'对应的道路等效通行能力 C_{eL}和 C_{eL}'，计算新建道路前后 $2n_e+1$ 个路段的路网理想容量 $C_{netsum}^{n_e} = C_{eL} \times (2n_e+1) \times L_m$ 和 $C'^{n_e}_{netsum} = C_{eL}' \times (2n_e+1) \times L_m$，采用式(6-3)和式(6-7)计算路段 n_e和 n_e'的路网理想容量的降低值 ΔC_{netn_e}，并取 $C_{netn_e} = C_{eL} \times L_m$；

步骤 4：计算 $\delta = \Delta C_{netn_e} / C_{netn_e}$，如果 $\delta < \varepsilon$，则停止计算。如 $n_e = 0$，则 $n'_e = 0$；如 $n_e > 0$，则 $n_e = n'_e - 1$，新建道路的影响范围为以新建道路所在段为中心的 $2n_e + 1$ 个路段，如果 $\delta \geqslant \varepsilon$，则转步骤 3。

显然，采用上述算法，对每一个 L_m 都可以得到一个新建 n' 条道路的影响范围，若将其记为 $n_e(L_m)$，则增加 n' 条道路的影响范围可取其最大值，即

$$n_e = \max_{L_m}[n_e(L_m)] \quad L_m \in [50 \times (n' + 1),\ 2\,000] \tag{6-9}$$

2. 影响范围计算结果

采用上述分析方法，对 6.1.1 节前面给出的基本道路条件下，新建道路数 n' 分别为 1、2、3 时的影响范围进行计算，计算中取用的判别标准为 $\varepsilon = 5\%$，下面分别给出其计算结果。

1. $n' = 1$

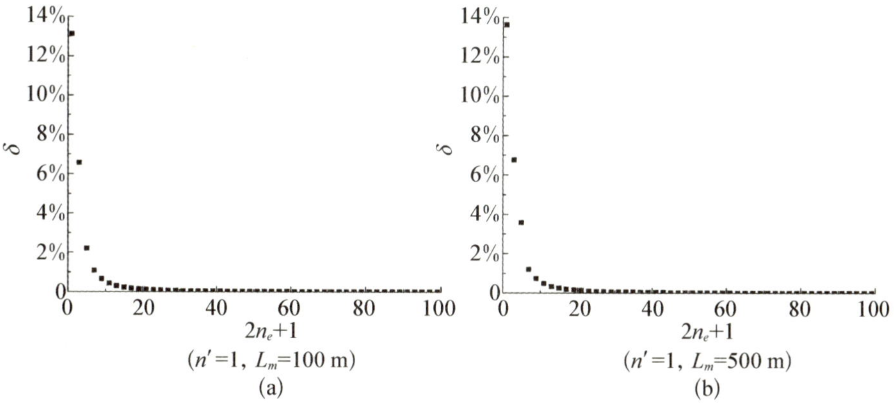

图 6-2　δ 随影响范围变化例图

图 6-2 中，a、b 分别为交叉口间距为 $L_m = 100$ m 和 $L_m = 500$ m 时检验数 δ 随影响范围 $2n_e + 1$ 的变化情况，其他 L_m 取值对应结果与此类似。可见，随影响范围的增大，δ 值迅速降低，取 $\varepsilon = 5\%$，从图中读取 $2n_e(L_m) + 1$，结果见图 6-3。

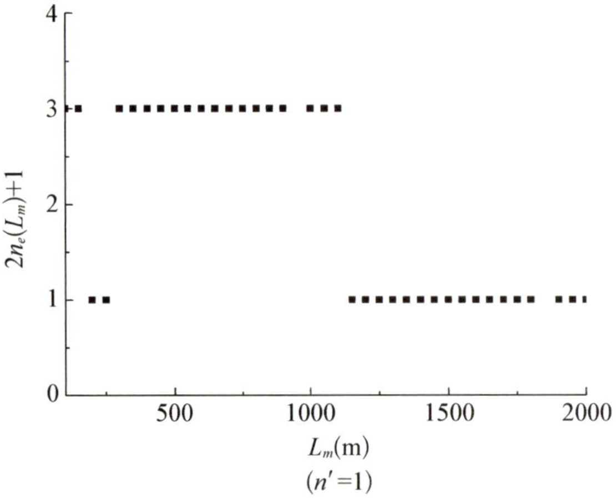

图 6－3　不同交叉口间距对应影响范围图($n' = 1$)

由图 6－3 可知，n' — 1 时，n_e — 1，影响范围为以路段 0 为中心的 3 条路段。

2. $n' = 2$ 和 $n' = 3$

与 $n' = 1$ 类似，计算得到 $n' = 2$ 和 $n' = 3$ 情况下不同交叉口间距对应的影响范围见图 6－4(a)和图 6－4(b)。

由图 6－4 可知，$n' = 2$ 时，$n_e = 3$，影响范围为以路段 0 为中心的 7 条

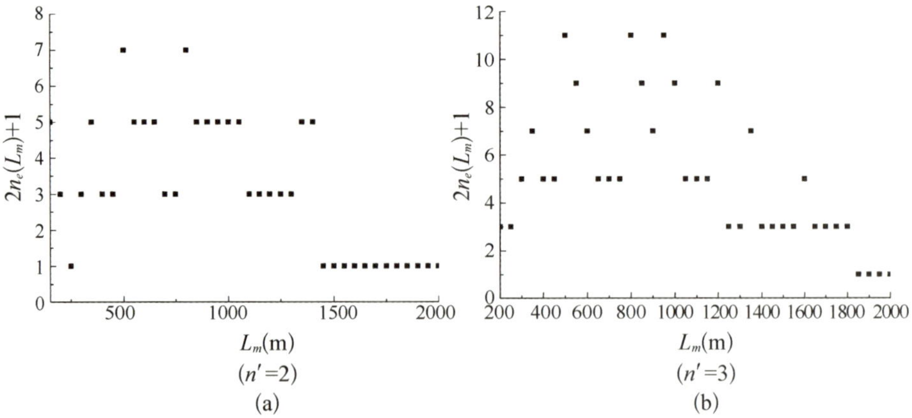

图 6－4　不同交叉口间距对应影响范围图($n' = 2$ 和 $n' = 3$)

路段；$n' = 3$ 时，$n_e = 5$，影响范围为以路段 0 为中心的 11 条路段。

上述分析结果同样可用于判断新建道路不位于同一主线路段时的影响范围。分析时，首先考虑应当分析的 n' 取值，即判断新建道路的影响之间是否存在叠加作用。分情况分析，过程如下：

(1) 仅新建一条与主线相交的道路，即 $n' = 1$，影响范围为以路段 0 为中心的共计 3 个路段；

(2) 修建两条与主线相交的道路，则

a) 如两条道路所在主线路段之间相隔路段数大于等于 2 时，两条路段之间可认为相互独立，取 $n' = 1$，分别分析其影响范围。

b) 如两条道路所在主线路段之间相隔路段数小于 2 时，设以新建道路所在路段为边界的中心区域内含路段数为 n_{int}，根据前面算法推导可知：

i. 当 n_{int} 为偶数时，其影响范围为以新建两条道路为中心区域边界的共计 8 个路段；

ii. 当 n_{int} 为奇数时，其影响范围为以新建两条道路为中心区域边界的共计 7 个路段；

(3) 修建三条与主线相交的道路，则

a) 首先按 2 中判断其中距离较近的两条之间是否相互独立，如独立，则可按 $n'=1$，分别分析 3 条道路的影响范围；

b) 如 a)判断结果为非独立，则按 2b)中的方法确定距离较近的两条道路的影响范围，如受第 3 条道路的路段未落入其影响范围，则应当按 $n' = 1$ 和 $n' = 2$ 分别进行影响范围分析；

c) 如 a)判断结果为非独立，且第 3 条道路的路段落入距离较近的两条道路的影响范围内，设以距离最远的两条新建道路所在路段为边界的中心区域内含路段数为 n_{int} 则其影响范围为

i. 当 n_{int} 为偶数时，其影响范围为以该中心区域边界的共计 12 个路段；

ii. 当 n_{int} 为奇数时，其影响范围为以该中心区域边界的共计 11 个路段；

对于 $n' > 3$ 的情况，可同上分析。

6.1.3 增加道路的合理性判别

1. 判别方法

基于 6.1.2 节的结果，可以进行新建道路的合理性判别。

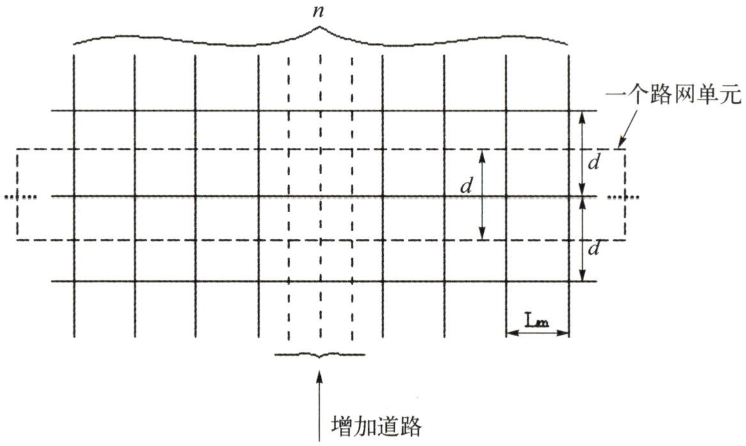

图 6－5 新建道路合理性判别示意图

图 6－5 与图 6－1 类似，只是在此引入了另外一个参数 d，表示水平主线道路的平行间距，这是因为进行新建道路合理性判别时，路网容量的变化值 ΔC 不仅与主线道路的容量降低值 ΔC_D 有关，也与新建道路的容量增加值 ΔC_A 有关，有

$$\Delta C = \Delta C_D + \Delta C_A \tag{6-10}$$

当 $\Delta C = 0$ 时，新建道路没有改变路网容量，而当 $\Delta C < 0$ 时，新建道路反而会带来路网容量的减小，无疑是一种“南辕北辙”的做法。

如以一条水平主线道路为中心，两侧各 $d/2$ 距离范围内的路网作为一个路网单元，从图 6－5 可以看到，整个路网可以看作由若干个路网单元组成，由于以“车公里”为计量单位的路网理想容量指标具有叠加性，因此，对一个路网单元的合理性判别结果同样适用于整个路网。下面的分析就针对一个路网单元进行。

ΔC_D的计算：

可采用上节中的算法进行计算，结果如下：

$$\Delta C_D = C_{eL} \times (2n_e + 1) \times L_m - C'_{eL} \times (2n_e + 1) \times L_m \qquad (6-11)$$

式中，各变量的意义同前，C_{eL} 和 C'_{eL} 的计算方法亦同前。

计算时，应注意正确确定新建道路的影响范围 $2n_e + 1$ 的取值，确定方法见上节。

ΔC_A的计算：

新建道路交叉口间距为 d，与 C_{eL} 和 C'_{eL} 的计算相同，可计算得到其对应的等效通行能力 C_{ed}，则新建 n' 条相交道路所带来的单位路网理想容量的增加值为

$$\Delta C_A = C_{ed} \times d \times n' \qquad (6-12)$$

由式(6－10)、式(6－11)和式(6－12)可得 $\Delta C = 0$，临界状态下，有

$$(C_{eL} - C'_{eL}) \times (2n_e + 1) \times L_m = C_{ed} \times d \times n' \qquad (6-13)$$

式(6－13)可以建立临界状态下 d 与 L_m的关系：

$$d_{crit} = f(L_m) \qquad (6-14)$$

d_{crit}为 L_m一定时对应的临界 d 值。当实际 $d > d_{crit}$时，新建道路会增加路网理想容量，反之，则会降低路网理想容量。

2. 判别结果示例

仍以 6.1.1 节给出的基本道路条件为例，对新建道路数 n'分别为 1、2、3 三种情况进行判别分析，结果如图 6－6、图 6－7 和图 6－8 所示。

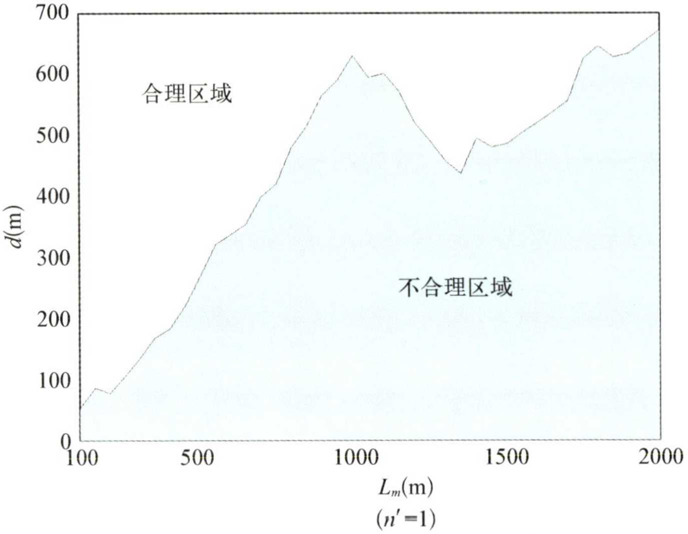

图 6-6　$n'=1$ 时判别图

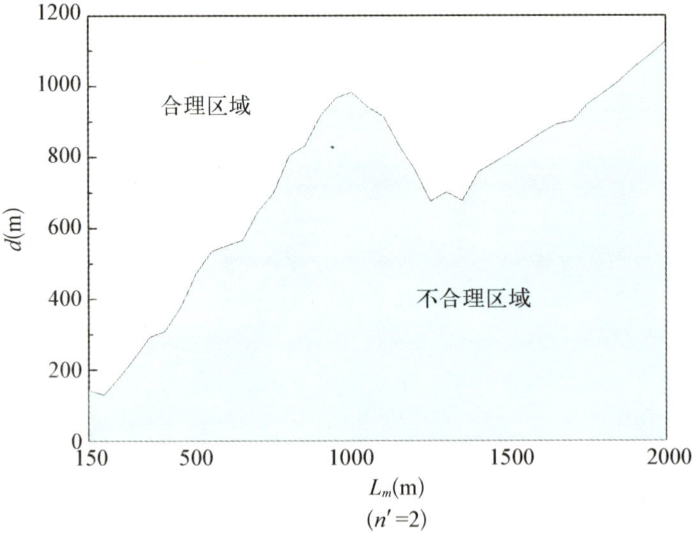

图 6-7　$n'=2$ 时判别图

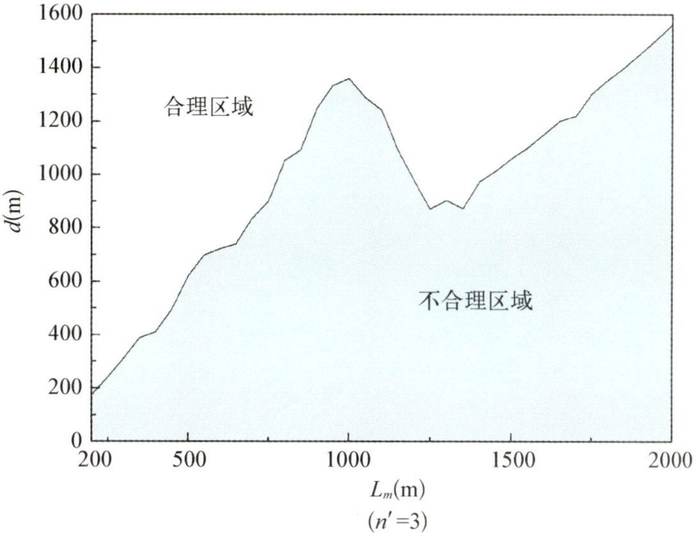

图 6－8　n'＝3 时判别图

从以上三图可见，随 n' 值的提高，新建道路合理性的要求也越来越高，这是合理的。另外，三图中临界状态曲线的变化规律几乎完全相同，即随 L_m 的提高，d_{crit} 先增，次降，再增，且两个趋势变化点均为 $L_m \approx 1\ 000$ m 和 $L_m \approx 1\ 000(2n_e+1+n')/(2n_e+1)$ m，前者对应于新建道路前主线交叉口间距为 1 000 m，而后者对应于分段后主线交叉口平均间距为 1 000 m。出现这种起伏变化现象和稳定转折点，其主要原因是在该道路基本条件下，等效通行能力随交叉口间距增加而增长的速度，在交叉口间距为 1 000 m 时减缓，可参见第 5 章中相关内容。这使得当新建道路前后主线路段的交叉口间距处于这一点附近时，路网理想容量的变化值出现减小的现象。

6.2　干线交叉口改建立交后的合理间距

对于路网密度过大、运行水平相对较低的已建成路网，再采用新建道路的方法提高路网容量显然会带来不可接受的运行水平，解决这一问题的方法之一就是在部分城市交通干线道路的关键交叉口修建立交，建设经济型城市“准快速路”，在增加路网容量的同时提高城市交通干线的运行水平。实施这一扩容措施，其关键问题之一就是应当对干线道路上的多少交叉口进行改造，其扩容效果最佳，亦即改造后干线交叉口间距最优值的确定问题。分析中也假设所有道路的基本条件一致，所选取的道路基本条件如下：

(1) 道路为双向行驶道路，单向 3 车道，交叉口 3 车道，并按左转、直行、右转进行功能划分；

(2) 各进口道直行和左转的绿信比 $\frac{g}{C}=0.25$；

(3) $C=150$ s；

(4) $PF=1$；

(5) $k=0.5$；

(6) $I=1$；

(7) $V_{f1\,000}=60$ km/h。

6.2.1　合理间距的计算原理

图 6－9 中，水平方向中间一条道路为待改造的城市干线道路，设其长度为 L_{sum}，交叉口间距为 L_m。图中黑色实心圆代表待改造的交叉口，其示意图放大如右：干线左进口道编号为 1，其他进口道逆时针依次排列；每个进口道的三个不同方向的交通流用一个两位数编号，第一个数字为进口道编号，第二个数字按左转、直行、右转顺序依次为 1、2 和 3，如图所示。由 6.1.1 节的相关内容易知，图中道路改造的侧向影响范围应为其两边各两个路段，设平行道路间距为 d。

不考虑行人和自行车的影响，则可认为右转车流不受交叉口改造的影

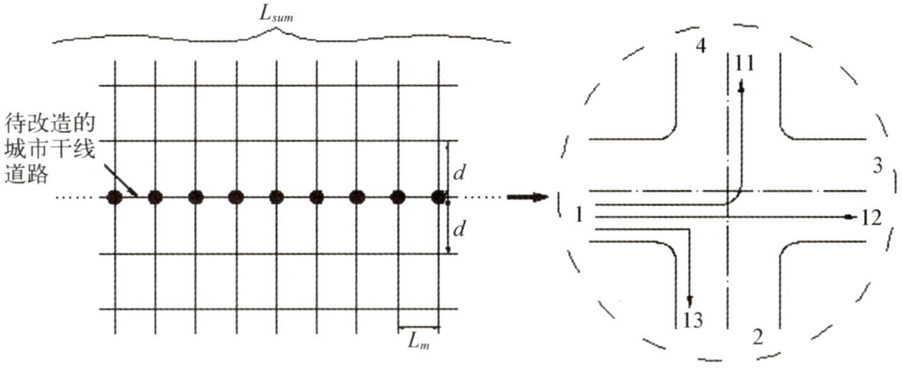

图 6－9　干线交叉口改造示意图

响，所有右转车道的容量不变，因此，分析可面向直行和左转车流进行。这里重点分析实际中常见的两种立交形式的合理交叉口间距，即全立交和主线直行车流简易立交。

1. 全立交改造

图 6－9 所示路网的理想容量可以表示如下：

$$C_{net} = 2C_{hL_m} + C_{hL} + \sum_{1}^{L_{sum}/L_m-1} C_{vi} \tag{6-15}$$

式中　C_{hL}——待改造道路的容量，随改造后主线交叉口间距的改变而改变；

C_{hL_m}——与待改造道路平行道路的容量，这里认为其不受交叉口改造的影响；

C_{vi}——改造后与主线相交道路的容量。

设待改造道路的 L_{sum}/L_m-1 个交叉口中，有 n 个改造为全立交形式，则改造后该道路的交叉口间距 L_p 可近似计算为

$$L_p = L_{sum}/(L_{sum}/L_m - n) \tag{6-16}$$

由于采用了全立交方式，相应的相交道路的交叉口间距 d_p 也随之变为

$$d_p = 4 \times d/3 \tag{6-17}$$

其他相交道路间距仍为 d,认为其容量不变。

可根据第 4 章有关内容算得一定道路交通条件下交叉口间距为 L_m、L_p、d 和 d_p时的等效通行能力,进而算得 C_{hL_m}、C_{hL} 和 C_{vi}。由上面分析可知,C_{vi}的计算应当分为两个部分,即与改造无关的交叉口间距为 d 的道路和与改造相关的交叉口间距为 d_p的道路,其计算方法可参见前面内容,这里从略。

不断变化 n 值,通过上面的计算可以得出路网理想容量随改造后主线交叉口间距变化的对应关系。当交叉口间距增加,其理想容量增长幅度不大时,进一步改造交叉口提高交叉口间距的效益就不大,此时的交叉口间距较为合理。

2. 主线直行车流简易立交改造

这一类型的简易立交目前也较为常见,修建此类简易立交后,图 6-9 中仅车流 12 和 32 不再受该交叉口影响,其所在车道交叉口间距增加,其余各进口道交通流所在车道交叉口间距均未发生变化。然而,其所带来的路网理想容量的增加却不仅仅来自 12 和 32 交通流所在车道,在经过改造的交叉口,原分配给 12 和 32 两车流通行的绿灯时间将被分配给其他交通流,这里假设其全部分配给其所在进口道的左转车流。同样假设待改造道路的 L_{sum}/L_m-1 个交叉口中,有 n 个改造为直行车流简易立交的形式,则改造后主线左转车流的绿信比可近似取为各交叉口该向交通流绿信比的平均值:

$$\left(\frac{g}{C}\right)_{1p} = \left\{\left(\frac{g}{C}\right)_{11} \times (L_{sum}/L_m - n) + \left[\left(\frac{g}{C}\right)_{11} + \left(\frac{g}{C}\right)_{12}\right] \times n\right\} / (L_{sum}/L_m) \tag{6-18}$$

式中 $\left(\frac{g}{C}\right)_{1p}$——改造后主线左转车流平均绿信比;

$\left(\frac{g}{C}\right)_{11}$——未改造交叉口左转车流对应绿信比；

$\left(\frac{g}{C}\right)_{12}$——未改造交叉口直行车流对应绿信比。

其他变量意义同前。这里假设主线道路上所有交叉口相同流向交通流绿信比相同。

同样可以根据前面章节相关内容，计算绿信比为$(g/C)_{1p}$，交叉口间距为L_m时的道路等效通行能力，并进一步算得其理想容量值$C_{hL_m(g/C)_p}$。

对于待改造干线道路的直行车流所在车道，改造后交叉口间距的计算同式(6-16)，亦可同样计算其等效通行能力和理想容量值C_{hLS}。

则待改造干线道路的理想容量可表示为

$$C_{hL} = C_{hL_m(g/C)_p} + C_{hLS} \tag{6-19}$$

其他相交和平行道路的理想容量不变，计算同前。则路网总理想容量仍可按式(6-15)计算。同样，变化n值，也可以得出路网理想容量随改造后主线交叉口间距变化的对应关系，进而寻找改造后干线道路直行车流合理的交叉口间距。

6.2.2　合理间距的计算结果示例

取用$L_{sum}=10\,000\ \text{m}$、$L_m=50\ \text{m}$和$d\in[100,\ 1\,500]$，针对 6.2 节前面给出的道路交通基本条件，采用上述计算方法给出了合理间距的计算结果。由于C_{hL_m}在上述两类问题中均无变化，故计算中将其略去。

1. 全立交改造计算结果

以 50 m 为步长，计算了$d\in[100,\ 1\,500]$对应的路网理想容量与改造后交叉口间距的对应关系，这里以$d=200\ \text{m}$和$d=500\ \text{m}$为例，给出结果如图 6-10 和图 6-11 所示。

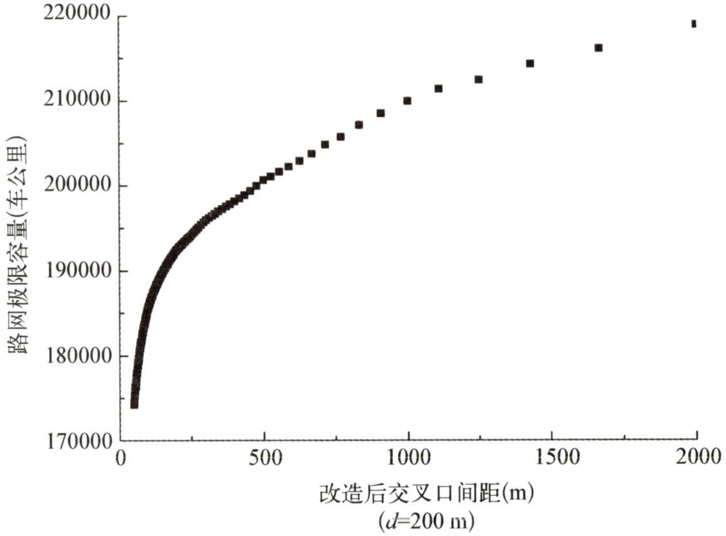

图 6-10　改造后交叉口间距对路网理想容量的影响图

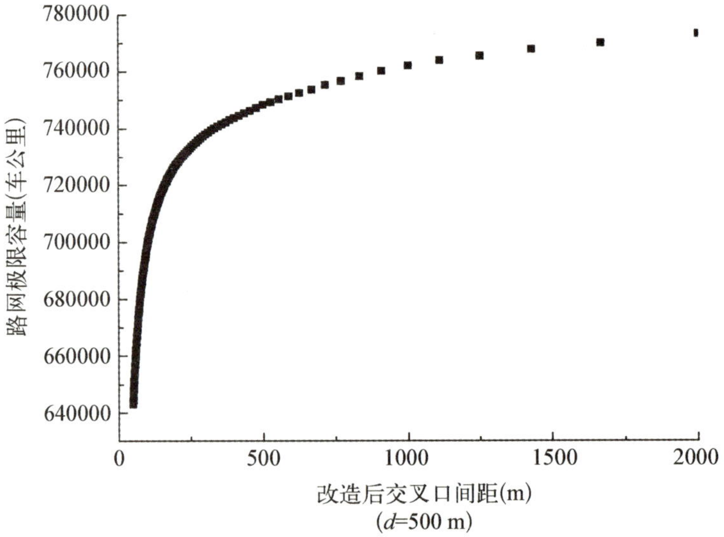

图 6-11　改造后交叉口间距对路网理想容量的影响图

从图中可以看到，路网理想容量随改造后交叉口间距的增大而增大，且增大速度逐渐减慢，将增长速度定义为改造后交叉口间距每增加 1 m，路网理想容量的增加值，计算结果如图 6－12 和图 6－13 所示。

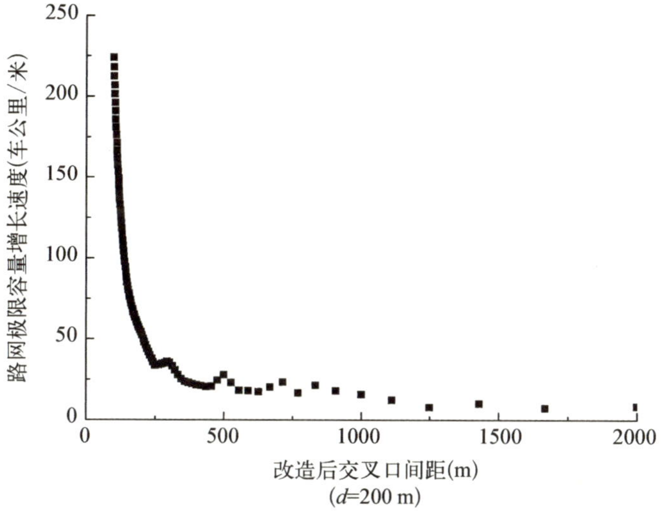

图 6－12　改造后交叉口间距对路网理想容量增长速度的影响图

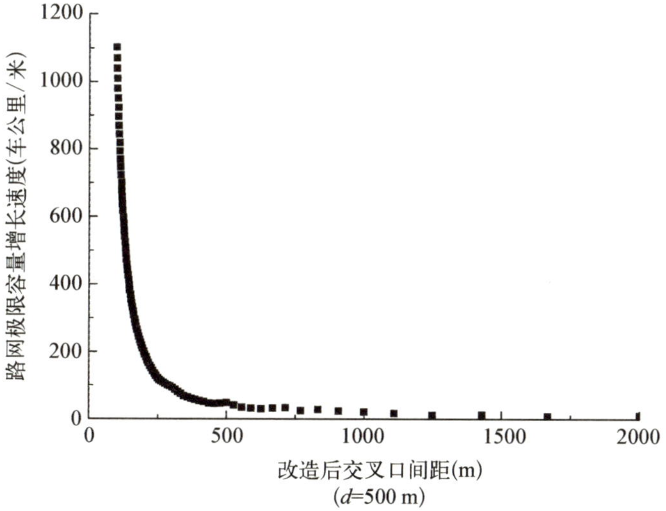

图 6－13　改造后交叉口间距对路网理想容量增长速度的影响图

从图 6-12 和图 6-13 可以看出，当交叉口间距较小时，通过改建全立交提高交叉口间距后，其相应路网理想容量的增长速度较大，随改造后交叉口间距的增大速度放缓。当改造后交叉口间距达到 500 m 后，再进行交叉口改造，效果已不明显。在此情况下，500 m 是对这一道路采用全立交方式进行交叉口改造的合理间距。

2. 主线直行车流简易立交改造计算结果示例

同样，给出简易立交的计算结果，由于改造为简易立交对相交道路没有影响，因此改造对路网理想容量增长速度的影响与 *d* 无关。结果见图 6-14、图 6-15 和图 6-16。

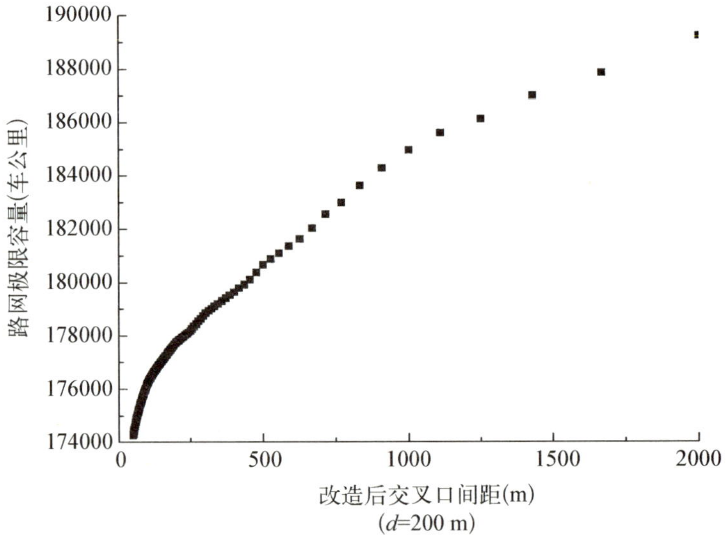

图 6-14　改造后交叉口间距对路网理想容量的影响图

可以看到，同样，随改造后交叉口间距的增加，路网理想容量增加，且增加速度逐渐趋缓，增长速度在改造后交叉口间距在 250～750 m 附近出现第一个稳定段，而后速度又迅速降低，到 1 250 m 附近出现另一个稳定段。因此，在建设资金充足的情况下，1 250 m 的间距较为合适，否则，也可以 250 m 为改造后的合理间距。

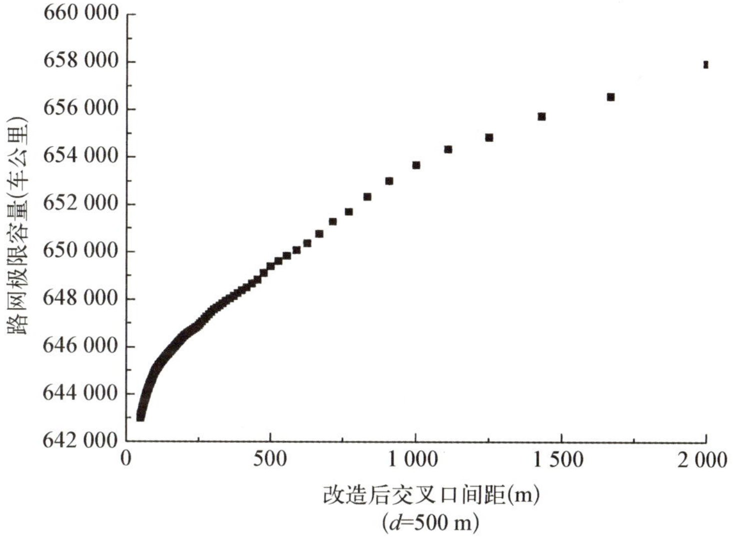

图 6 - 15　改造后交叉口间距对路网理想容量的影响图

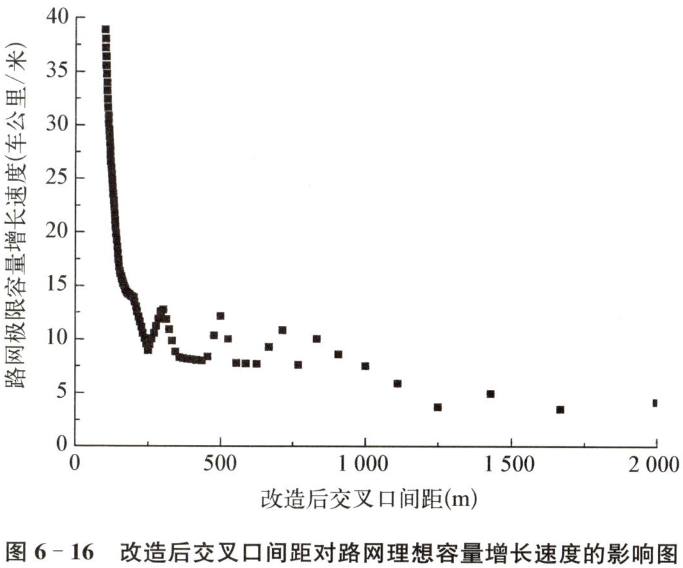

图 6 - 16　改造后交叉口间距对路网理想容量增长速度的影响图

3. 两类措施结果对比

将 $d = 200$ m、$d = 300$ m、$d = 400$ m 和 $d = 500$ m 采用两种改造方式时不同改造后交叉口间距下路网理想容量值进行对比，见图 6 - 17。

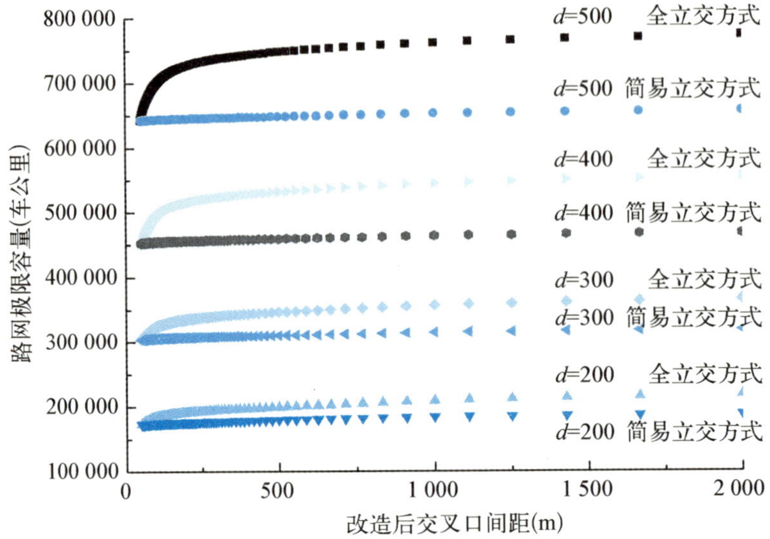

图 6－17　不同 *d* 值情况下两种改造方式对比图

图 6－17 表明，采用全立交的交叉口改造方式较简易立交效果显著，且随 d 值增加，全立交方式的优势越来越明显。这说明，当相交道路交叉口间距较小时，如资金有限，可采用简易立交方式改造交叉口；而当相交道路等级较高，交叉口间距较大的情况下，采用全立交方式的效果会远远好于简易立交，因此建议采用全立交方式进行改造。

6.3　本 章 小 结

本章从路网理想容量的改善效果角度，对“新建道路”和“现有干线道路交叉口改造立交”两类路网扩容措施中的合理交叉口间距问题进行了分析。针对“新建道路”这一措施，给出了主线道路交叉口间距和相交道路交叉口间距组合的合理性判断方法，并针对一种道路交通基本条件给出了示例；针对后一类措施，分“全立交”和“简易立交”两种改造方式分别给出了改造后干线道路交叉口合理间距的计算方法，并同样针对一种道路交通基本条件给出了示例。该示例表明：当采用“全立交”改造时，其合理间距约为 500 m；当采用“简易立交”改造时，其最优间距为 1 250 m，次优间距为 250 m，可根据资金情况进行选择；当相交道路交叉口间距较大时，采用“全立交”改造方式更为合适。

第7章 考虑交叉口间距的离散路网设计问题探讨

本章在对已有路网设计研究进行简单回顾的基础上，试图将新增道路对相交道路交叉口间距的影响因素引入路网设计中。首先分析了考虑交叉口间距影响的 Braess 诡异问题，而后给出了考虑该影响的路网设计模型和求解算法。

7.1 离散路网设计问题简述

1973 年，Morlok 首次提出了定量的交通网络设计问题，此后在国际上形成了交通规划领域中的一个新的研究方向——网络设计问题（Network Design Problem，NDP）[87-88]。其研究内容是通过在现有交通网络中增加新的路段或更新、改善已有路段的通行能力，达到使整个道路网络某种系统性能最优的目的[89]。作为 NDP 所研究的两大类问题之一，离散道路网络设计问题（Discrete Network Design Problem，DNDP）是关于新建道路的设计，即路段通行能力的增加是跳跃性的[90]。

Leblanc 于 1975 年首先开始比较系统地研究离散道路网络设计问题，他采用混合整型优化模型（Mixed Integer Model）表示城市道路网络设计问题，提出求解该问题的分枝定界法[91]。与连续网络设计问题相比，随后的关于 DNDP 方面的研究相对较少。这是由于离散交通网络设计问题是个数学难题，众多离散变量组成的模型容易陷入“组合爆炸”的困境，求解非常困难。

交通网络设计实际上是一个博弈问题，规划决策者从系统最优的角度首先给出一个路网方案，出行者从用户最优，即按照自己的利益和偏好选择出行路径，这些出行信息再反馈到决策者，决策者根据流量分布特点以及路网的基本要求再一次调整路网，出行者在此路网上按其偏好再一次做出选择，如此进行多次，得到一个双方均能接受的方案。因此，可以采用管理者为领导者—用户为跟随者的双层决策数学规划模型。上层规划为决策者的方案设计，下层规划为使用者的出行选择，即流量分配。上层为领导者，下层为跟随者。下层不能改变方案，但能根据自身的需要选择出行路线；上层必须考虑出行信息，综合考虑路网的基本要求和实际出行的需要，对方案进行调整。因此，近 30 年来，道路网络设计模型大多采用双层规划模型。DNDP 模型可分为两种类型：预算约束模型和无预算约束模型[92]。

首先定义变量名如下：

x_a：路段 a 上的交通流量；

$\boldsymbol{x}$：为有所有路段交通流量组成的向量，$\boldsymbol{x}=(\quad, x_a, \quad)$；

y_a：路段上投资决策变量，$y_a=\begin{cases}1, & \text{路段 } a \text{ 为投资对象}\\ 0, & \text{其他情况}\end{cases}$，共 m 个；

$\boldsymbol{y}$：为有所有路段投资决策变量组成的向量，$\boldsymbol{y}=(\quad, y_a, \quad)$；

m：备选路段(待添加路段)的条数；

t_a：路段 a 的行程时间，$t_a=t_a(x_a, y_a)$，即路段 a 的行程时间是流量的函数；

f_k^{rs}：点对(r, s)间的第 k 条路径的交通流量；

b_a：路段上(预计)投资额；

s：预算总投资额上限；

$\delta_{a,k}^{rs}$：路段——路径相关变量；

$$\delta_{a,k}^{rs}=\begin{cases}1, & \text{如果路段 } a \text{ 在}(r, s)\text{间的第 } k \text{ 条路径上；}\\ 0, & \text{其他情况}\end{cases}$$

A：网络中路段的集合，包括已有路段和待添加的备选路段；

q_{rs}：点对(r, s)间的交通量；

a、k、r、s：分别为路段下标、路径下标、出行产生点下标、吸引点下标。

7.1.1 预算约束的 DNDP

有预算约束的数学规划模型形式如下：

$$\text{上层：}\min: Z(\boldsymbol{y})=\sum_{a\in A}x_a^*(\boldsymbol{y})\cdot t_a[x_a^*(\boldsymbol{y}), y_a] \tag{7-1}$$

$$s.t.\quad \sum_{a=1}^{m}b_a y_a\leqslant S$$

$$y_a=0\text{ 或 }1(a=1, 2, \cdots, m)$$

$$\text{下层：}\min: Z(\boldsymbol{x})=\sum_{a\in A}\int_0^{x_a}t_a(w, y_a)\mathrm{d}w$$

$$s.t.\quad \sum_k f_k^{rs}=q_{rs},\ \forall r, s$$

$$x_a=\sum_{r,s}\sum_k f_k^{rs}\cdot\delta_{a,k}^{rs},\ \forall a$$

$$f_k^{rs}\geqslant 0,\ \forall r, s$$

式中，$x^*=[\cdots, x_a^*(y), \cdots]$是下层数学规划的极值。

7.1.2 无预算约束的 DNDP

无预算约束的数学规划模型为

$$\text{上层：} \min: Z(y) = \sum_{a \in A} x_a^*(y) \cdot t_a(x_a^*, y_a) + \lambda \sum_{a=1}^{m} b_y y_a \tag{7-2}$$

$$s.t. \quad y_0 = 0 \text{ 或 } 1 (a = 1, 2, \cdots, m)$$

$$\text{下层：} \min: Z(x) = \sum_{a \in A} \int_0^{x_a} t_a(w, y_a) \mathrm{d}w$$

$$s.t. \quad \sum_k f_k^{rs} = q_{rs}, \ \forall r, s$$

$$x_a = \sum_{r,s} \sum_k f_k^{rs} \cdot \delta_{a,k}^{rs} \ \forall a$$

$$f_k^{rs} \geqslant 0, \ \forall r, s \quad \forall k$$

式中，$x^* = [\cdots, x_a^*(y), \cdots]$ 是下层数学规划的极值。

λ 是因交通阻抗与投资额的物理量纲不同而设置的转换系数，最后用阻抗的量纲作为目标函数 Z 的量纲。

可以看到，无预算约束并不意味着可以允许用于新路段的建设投资任意地大，而是将建设成本与用户的行程时间成本一起考虑，将两者之和作为目标函数，求最小值。

7.2　Braess 诡异[92-94]

1968 年，Dietrich 发现了一种反常现象，如果在路网中增加一条边，不但没有改善路网，反而使系统总运行时间增加，这一有悖常理的现象就是著名的 Braess 诡异。1997 年，Pas、Principio 和 Penchina 通过研究发现，Braess 诡异现象是否出现取决于路段拥挤函数的参数以及交通需求的多少。

7.2.1　Braess 诡异出现条件分析

Pas、Principio 和 Penchina 以图 7－1 所示路网为例进行了分析。该路网由四个节点、四条路段组成，各路段的阻抗服从式(7－3)所示线性函数，从起点 o 至终点 r 点存在两条路径，即 $o-p-r$ 和 $o-q-r$，交通需求为 $\boldsymbol{Q}$。

$$\begin{cases}\boldsymbol{t}_{op}=\beta_1\boldsymbol{f}_{op}\\ \boldsymbol{t}_{qr}=\beta_1\boldsymbol{f}_{qr}\\ \boldsymbol{t}_{oq}=\alpha_1+\beta_2\boldsymbol{f}_{op}\\ \boldsymbol{t}_{pr}=\alpha_1+\beta_2\boldsymbol{f}_{pr}\end{cases} \tag{7-3}$$

易知，在 UE 平衡状态，系统总时间为

$$\boldsymbol{T}^4=\frac{\boldsymbol{Q}}{2}(\boldsymbol{t}^1)+\frac{\boldsymbol{Q}}{2}(\boldsymbol{t}^2)=\frac{\boldsymbol{Q}^2(\beta_1+\beta_2)}{2}+\boldsymbol{Q}\alpha_1 \tag{7-4}$$

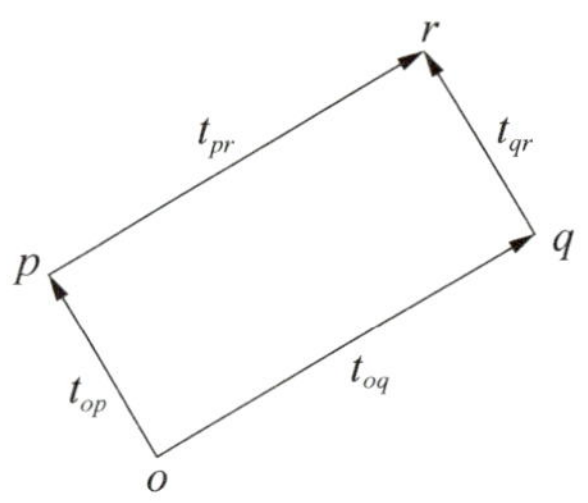

图 7－1　四路段网络

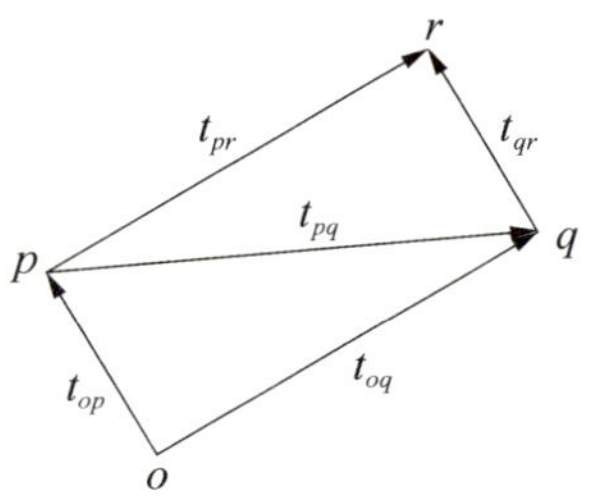

图 7－2　五路段网络

如图 7－2 所示，假设在该路网上增加一条边 pq，从起点 o 至终点 r 点增加一条路径 $o-p-q-r$，$\boldsymbol{t}_{pq}=\alpha_2+\beta_2\boldsymbol{f}_{pq}$，则各条路径的时间如式(7－5)所示：

$$\begin{cases}\boldsymbol{t}^1=\boldsymbol{t}_{op}+\boldsymbol{t}_{pr}\\ \boldsymbol{t}^2=\boldsymbol{t}_{op}+\boldsymbol{t}_{qr}\\ \boldsymbol{t}^3=\boldsymbol{t}_{op}+\boldsymbol{t}_{pq}+\boldsymbol{t}_{qr}\end{cases} \tag{7-5}$$

在平衡状态，三条路径的时间相等，即

$$\boldsymbol{t}^1=\boldsymbol{t}^2=\boldsymbol{t}^3=\alpha_1+\boldsymbol{Q}\beta_1+(\beta_2-\beta_1)\left[\frac{\alpha_2-\alpha_1+\boldsymbol{Q}(\beta_1+\beta_2)}{\beta_1+3\beta_2}\right] \tag{7-6}$$

三条路径的流量为

$$\begin{cases}\boldsymbol{f}^1=\boldsymbol{f}^2=\dfrac{\alpha_2-\alpha_1+\boldsymbol{Q}(\beta_1+\beta_2)}{\beta_1+3\beta_2}\\ \boldsymbol{f}^3=\boldsymbol{Q}-2\boldsymbol{f}^1\end{cases} \tag{7-7}$$

Pas、Principio 等讨论了各种参数对 Braess 诡异现象的影响：

(1) 当需求量 $\boldsymbol{Q}\leqslant\dfrac{\alpha_1-\alpha_2}{\beta_1+\beta_2}$ 时，$\boldsymbol{f}^1=\boldsymbol{f}^2=0$，$\boldsymbol{f}^3=\boldsymbol{Q}$，所有流量集中在第 3 条路径上，系统总时间为

$$\boldsymbol{T}^5=\boldsymbol{Q}^2(2\beta_1+\beta_2)+\boldsymbol{Q}\alpha_2 \tag{7-8}$$

(2) 当需求量 $\boldsymbol{Q}\geqslant\dfrac{2(\alpha_1-\alpha_2)}{\beta_1-\beta_2}$ 时，$\boldsymbol{f}^1=\boldsymbol{f}^2=\boldsymbol{Q}/2$，$\boldsymbol{f}^3=0$，系统总时间为

$$\boldsymbol{T}^5=\frac{\boldsymbol{Q}^2(\beta_1+\beta_2)}{2}+\boldsymbol{Q}\alpha_1 \tag{7-9}$$

(3) 当 $\dfrac{\alpha_1-\alpha_2}{\beta_1+\beta_2}<\boldsymbol{Q}<\dfrac{2(\alpha_1-\alpha_2)}{\beta_1-\beta_2}$ 时，

$$\boldsymbol{T}^5=\boldsymbol{Q}\left[\alpha_1+\boldsymbol{Q}\beta_1+(\beta_2-\beta_1)\left(\frac{\alpha_2-\alpha_1+\boldsymbol{Q}(\beta_1+\beta_2)}{\beta_1+3\beta_2}\right)\right] \tag{7-10}$$

研究表明，当需求量满足 $\dfrac{2(\alpha_1-\alpha_2)}{(3\beta_1+\beta_2)}<\boldsymbol{Q}<\dfrac{2(\alpha_1-\alpha_2)}{(\beta_1-\beta_2)}$ 时，$\boldsymbol{T}^5>\boldsymbol{T}^4$，诡异现象出现。同时，阻抗函数的参数也对诡异现象产生影响。如果 $\beta_1\neq\beta_2$，则可能出现 Braess 诡异的需求上限是有界的，需求大于该上限就不会出现诡异现象；如果 $\alpha_1=\alpha_2$，则无论需求是多少，都不可能出现诡异现象。

7.2.2 考虑交叉口间距影响的 Braess 诡异

在交通网络设计中，由于诡异现象的存在，必须尽可能避免这种情况的发生。已有研究认为，Braess 诡异在实际中并不多见，可先不考虑，形成方案后再进行检验[90]。然而，实际中新建道路对路网交通状况改善不明显甚至致使其恶化的现象却并不少见。究其原因，主要是目前的路网设计过程中多忽视了新建道路带来的相交道路路阻函数的变化。事实上，由前面章节的分析可知，在上例中，路段 pq 的增加不仅使路网出行路径增加了一条，同时带来了原有路网的交叉口间距的减小，这一变化应该在原有路段的路阻函数中得以反映，这里假设增加路段 pq 后，路网内各条路段的路阻函数如下：

$$\begin{cases} \boldsymbol{t}_{op} = (1+\varepsilon_1)\beta_1 \boldsymbol{f}_{op} \\ \boldsymbol{t}_{qr} = (1+\varepsilon_1)\beta_1 \boldsymbol{f}_{qr} \\ \boldsymbol{t}_{oq} = (1+\varepsilon_3)\alpha_1 + (1+\varepsilon_2)\beta_2 \boldsymbol{f}_{oq} \\ \boldsymbol{t}_{pr} = (1+\varepsilon_3)\alpha_1 + (1+\varepsilon_2)\beta_2 \boldsymbol{f}_{pr} \\ \boldsymbol{t}_{pq} = \alpha_2 + (1+\varepsilon_2)\beta_2 \boldsymbol{f}_{pq} \end{cases} \tag{7-11}$$

式中，ε_1、ε_2、ε_3 为增加路段 pq 所带来的各路段路阻函数参数的变化值，显然有 $\varepsilon_1 > 0$、$\varepsilon_2 > 0$、$\varepsilon_3 > 0$。同时，为了分析方便，这里不妨取 $\alpha_1 > \alpha_2$，$\beta_1 > \beta_2$，$(1+\varepsilon_1)\beta_1 > (1+\varepsilon_2)\beta_2$，各路段路阻函数形式仍取与原问题相同的形式。重新对问题进行分析，结果如下：

在平衡状态，三条路径的时间相等，即

$$\begin{aligned} \boldsymbol{t}^1 = \boldsymbol{t}^2 = \boldsymbol{t}^3 = {} & (1+\varepsilon_3)\alpha_1 + \boldsymbol{Q}(1+\varepsilon_1)\beta_1 \\ & + [(1+\varepsilon_2)\beta_2 \\ & - (1+\varepsilon_1)\beta_1]\left\{\frac{\alpha_2 - (1+\varepsilon_3)\alpha_1 + \boldsymbol{Q}[(1+\varepsilon_1)\beta_1 + (1+\varepsilon_2)\beta_2]}{(1+\varepsilon_1)\beta_1 + 3(1+\varepsilon_2)\beta_2}\right\} \end{aligned} \tag{7-12}$$

三条路径的流量为

$$
\begin{cases}
\boldsymbol{f}^1=\boldsymbol{f}^2=\dfrac{\alpha_2-(1+\varepsilon_3)\alpha_1+\boldsymbol{Q}[(1+\varepsilon_1)\beta_1+(1+\varepsilon_2)\beta_2]}{(1+\varepsilon_1)\beta_1+3(1+\varepsilon_2)\beta_2}\\
\boldsymbol{f}^3=\boldsymbol{Q}-2\boldsymbol{f}^1
\end{cases}
\tag{7-13}
$$

各种参数对 Braess 诡异现象的影响分析如下：

(1) 当需求量 $\boldsymbol{Q}\leqslant\dfrac{(1+\varepsilon_3)\alpha_1-\alpha_2}{(1+\varepsilon_1)\beta_1+(1+\varepsilon_2)\beta_2}$ 时，$\boldsymbol{f}^1=\boldsymbol{f}^2=0$，$\boldsymbol{f}^3=\boldsymbol{Q}$，所有流量集中在第 3 条路径上，系统总时间为

$$
\boldsymbol{T}^5=\boldsymbol{Q}^2[2(1+\varepsilon_1)\beta_1+(1+\varepsilon_2)\beta_2]+\boldsymbol{Q}\alpha_2 \tag{7-14}
$$

当 $T^5>T^4$ 时，Braess 诡异发生，即

$$
Q>\frac{2(\alpha_1-\alpha_2)}{(3+4\varepsilon_1)\beta_1+(1+2\varepsilon_2)\beta_2}。
$$

又 $\dfrac{2(\alpha_1-\alpha_2)}{(3+4\varepsilon_1)\beta_1+(1+2\varepsilon_2)\beta_2}<\dfrac{2[(1+\varepsilon_3)\alpha_1-\alpha_2]}{3(1+\varepsilon_1)\beta_1+(1+\varepsilon_2)\beta_2}<\dfrac{(1+\varepsilon_3)\alpha_1-\alpha_2}{(1+\varepsilon_1)\beta_1+(1+\varepsilon_2)\beta_2}$，故当 $\dfrac{2(\alpha_1-\alpha_2)}{(3+4\varepsilon_1)\beta_1+(1+2\varepsilon_2)\beta_2}<Q\leqslant\dfrac{(1+\varepsilon_3)\alpha_1-\alpha_2}{(1+\varepsilon_1)\beta_1+(1+\varepsilon_2)\beta_2}$ 时，Braess 诡异出现。

(2) 当需求量 $\boldsymbol{Q}\geqslant\dfrac{2[(1+\varepsilon_3)\alpha_1-\alpha_2]}{(1+\varepsilon_1)\beta_1-(1+\varepsilon_2)\beta_2}$ 时，$\boldsymbol{f}^1=\boldsymbol{f}^2=\boldsymbol{Q}/2$，$\boldsymbol{f}^3=0$，系统总时间为

$$
\boldsymbol{T}^5=\frac{\boldsymbol{Q}^2[(1+\varepsilon_1)\beta_1+(1+\varepsilon_2)\beta_2]}{2}+\boldsymbol{Q}(1+\varepsilon_3)\alpha_1 \tag{7-15}
$$

易知 $T^5>T^4$，出现 Braess 诡异。

(3) 当 $\frac{(1+\varepsilon_3)\alpha_1-\alpha_2}{(1+\varepsilon_1)\beta_1+(1+\varepsilon_2)\beta_2}<\boldsymbol{Q}<\frac{2[(1+\varepsilon_3)\alpha_1-\alpha_2]}{(1+\varepsilon_1)\beta_1-(1+\varepsilon_2)\beta_2}$ 时,

$$\boldsymbol{T}^5=\boldsymbol{Q}\left\{\begin{array}{l}(1+\varepsilon_3)\alpha_1+\boldsymbol{Q}(1+\varepsilon_1)\beta_1\\+[(1+\varepsilon_2)\beta_2-(1+\varepsilon_1)\beta_1]\\\left\{\dfrac{\alpha_2-(1+\varepsilon_3)\alpha_1+\boldsymbol{Q}[(1+\varepsilon_1)\beta_1+(1+\varepsilon_2)\beta_2]}{(1+\varepsilon_1)\beta_1+3(1+\varepsilon_2)\beta_2}\right\}\end{array}\right\}\tag{7-16}$$

与 Pas,Principio 和 Penchina 的分析相类似,$T^5>T^4$,出现 Braess 诡异。

可以发现,引入新增道路对相交道路路阻函数参数的影响后,当需求量满足 $Q>\frac{2(\alpha_1-\alpha_2)}{(3+4\varepsilon_1)\beta_1+(1+2\varepsilon_2)\beta_2}$ 时,就会出现 Braess 诡异。由于 $\frac{2(\alpha_1-\alpha_2)}{(3+4\varepsilon_1)\beta_1+(1+2\varepsilon_2)\beta_2}$ 小于 Pas,Principio 和 Penchina 分析给出的下限 $\frac{2(\alpha_1-\alpha_2)}{(3\beta_1+\beta_2)}$,且没有上限,范围较原来扩大。由此可以推测,在路网设计问题中,如忽略新增道路对相交道路的影响,设计路网在实际中可能不能收到预期的改善效果,甚至会出现诡异现象。

7.3 考虑交叉口间距影响的离散路网设计模型

由上面 Braess 诡异的分析可以发现,以往人们在路网设计研究中忽略了新增加道路对原有道路路阻的影响,以图 7-3 所示简单路网为例进行说明。

图 7-3 中,CD 为新增道路,设 ADB 和 ACB 长度均为 L,C、D 分别为两弧中点,CD 长为 $L/2$。则新增 CD 前路网由 ADB 和 ACB 两条长为 L

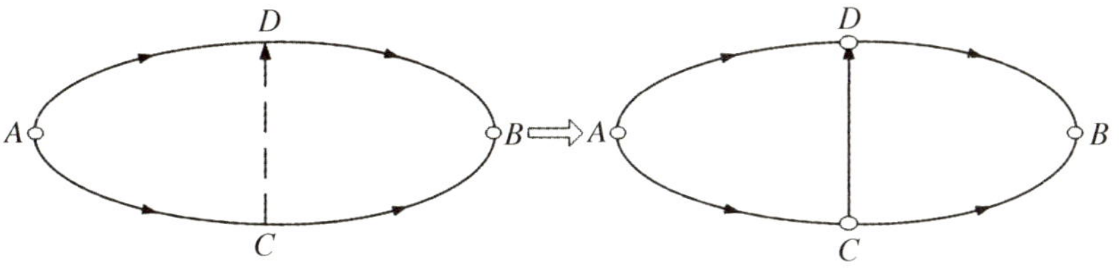

图 7-3　新建道路对原有道路的影响

的道路组成，而新建 CD 后，路网由 AD、AC、DB、CB 和 CD 五条长为 $L/2$ 的道路组成。可见，新增道路后，原有道路的路段数发生了变化，其属性也就随之而变，相应的路段路阻函数中的参数也会发生变化。然而，现有路网设计模型中，初始路网设置一般都认为包含 AD、AC、DB、CB 四个路段，而在新增 CD 路段后，对原有四个路段的路阻函数变化也不予考虑，这显然与实际偏差很大。本节就以此为出发点，在路网设计模型中增加对交叉口间距影响的考虑。

7.3.1　模型设计

模型以预算约束的 DNDP 模型为基础，在上层模型中增加了新增道路后道路网 **A** 的生成算子，并在路段路阻函数中考虑了新增道路后其参数的变化。模型设计如下：

$$\text{上层：}\min\text{：}Z(\mathbf{y})=\sum_{a\in A}x_a^*(\mathbf{y})\cdot t_a[x_a^*(\mathbf{y}),\ c_a(\mathbf{y}),\ V_{fa}(\mathbf{y}),\ y_a] \tag{7-17}$$

$$\begin{aligned} s.t.\quad & \sum_{a=1}^{m}b_a y_a\leqslant S \\ & A=NET(\mathbf{y}) \\ & c_a(\mathbf{y})=f_1(\boldsymbol{\Psi}_1) \\ & V_{fa}(\mathbf{y})=f_2(\boldsymbol{\Psi}_2) \end{aligned}$$

$$y_a = 0 \text{ 或 } 1(a = 1, 2, \cdots, m)$$

$$\text{下层：} \min: Z(\boldsymbol{x}) = \sum_{a \in A} \int_0^{x_a} t_a[w, y_a, c_a(\boldsymbol{y}), V_{fa}(\boldsymbol{y})] \mathrm{d}w$$

$$s.t. \quad \sum_k f_k^{rs} = q_{rs}, \ \forall r, s$$

$$x_a = \sum_{r, s} \sum_k f_k^{rs} \cdot \delta_{a, k}^{rs}, \ \forall a$$

$$f_k^{rs} \geqslant 0, \ \forall r, s$$

式中，$NET(\boldsymbol{y})$ 为路网生成算子，$c_a(\boldsymbol{y})$，$V_{fa}(\boldsymbol{y})$ 分别为 $\boldsymbol{y}$ 设计方案所形成路网 $\boldsymbol{A}$ 中路段 a 的通行能力和自由流车速，这里将其作为路阻函数的变量考虑，分别采用 $f_1(\boldsymbol{\Psi}_1)$ 和 $f_2(\boldsymbol{\Psi}_2)$ 两个函数进行计算，$\boldsymbol{\Psi}_1$ 和 $\boldsymbol{\Psi}_2$ 分别为 $c_a(\boldsymbol{y})$，$V_{fa}(\boldsymbol{y})$ 的影响因素集合，其他各变量意义同前。

$c_a(\boldsymbol{y})$，$V_{fa}(\boldsymbol{y})$ 可采用本书的等效通行能力和等效自由流车速，$\boldsymbol{\Psi}_1$ 和 $\boldsymbol{\Psi}_2$ 中有关影响因素数值可从路网生成算子 $NET(\boldsymbol{y})$ 的结果中得到，本模型仅考虑交叉口间距这一因素，其计算方法参见本论文第 4 章和第 5 章。这里重点讨论计算 $NET(\boldsymbol{y})$ 的方法。

7.3.2 路网生成算子

首先定义路网邻接矩阵 $\boldsymbol{J}$ 来表示路网，并作为 $NET(\boldsymbol{y})$ 计算的基础。对于由 n 个节点组成的路网，$\boldsymbol{J}$ 定义如下：

$$\boldsymbol{J} = \begin{bmatrix} a_{11} & a_{1j} & a_{1n} \\ a_{i1} & a_{ij} & a_{in} \\ a_{n1} & a_{nj} & a_{nn} \end{bmatrix} \quad a_{ij} = \begin{cases} 1 & \text{存在从 } i \text{ 到 } j \text{ 的路段} \\ -1 & \text{存在从 } j \text{ 到 } i \text{ 的路段} \\ 0 & i\text{、}j \text{ 间没有连接} \end{cases}$$

式中：i,j 为路网节点编号。

以 $\boldsymbol{J}$ 来表示路网，则路网生成算子 $NET(\boldsymbol{y})$ 的计算方法设计如下：

(1) 路网邻接矩阵初始化——$\boldsymbol{J}'_0$

以单元最小化原则，按已有路网状况初始化 $\boldsymbol{J}$，得到 $\boldsymbol{J}'_0$。所谓“单元最小化原则”，是指 $\boldsymbol{J}'_0$ 代表路网所包含的路段在后续计算中不会再被分割，即：设原有路网与所有新建路段所组成的路网中含 n 个节点，则只要节点 i，j 间有路段相连，则 $\boldsymbol{J}'_0$ 中一定有 $a_{ij}=1$。

（2）$\boldsymbol{y}$ 投资决策变量下的邻接矩阵初步修正—— $\boldsymbol{J}_0$

在 $\boldsymbol{J}_0$ 基础上，按 $\boldsymbol{y}$ 对 $\boldsymbol{J}'_0$ 进行初步修正，形成矩阵 $\boldsymbol{J}_0$。即：如 $y_a=1$，a 路段对应的路段起、终节点分别为 i，j，则令 $a_{ij}=1$，$a_{ji}=-1$。

（3）“虚节点”两侧路段合并—— $\boldsymbol{J}_k$

这里的所谓“虚节点”，是指除去需求产生、吸引点以外的那些仅有两个路段相连（即度为 2）且同时作为一个路段起点和另一个路段终点的节点。“虚节点”的判断在路段合并中至关重要，这里采用的判断方法如下：

取 $sum(i)=\sum_j a_{ij}$ 和 $\deg ree(i)=\sum_j|a_{ij}|$。由前面 a_{ij} 的定义可知，$\deg ree(i)$即为节点 i 的度。易知，$\deg ree(i)=2$ 且 $sum(i)=0$ 是 i 为“虚节点”的充分必要条件。对于“虚节点”，应将其从路网中除去，即：如判断 i 为虚节点，且有 $a_{Fi}=1$，$a_{iT}=-1$，则应令 $a_{Fi}=0$，$a_{iT}=0$，$a_{FT}=1$，$a_{TF}=-1$，更新路网邻接矩阵。每对所有节点完成一次检查和路段合并操作，就得到一个路网邻接矩阵 $\boldsymbol{J}_k$。

（4）输出新路网邻接矩阵—— $\boldsymbol{J}$

当路网邻接矩阵中不再出现“虚节点”时，计算结束，给出最终的路网邻接矩阵 $\boldsymbol{J}$。

图 7－4 给出了 $NET(\boldsymbol{y})$ 计算的流程图。值得说明的是，在 $NET(\boldsymbol{y})$ 算法中，引入 flag1 来记录所生成的路网是否为非法路网，以便在后面路网设计问题求解中进行处理。这里考虑两种非法路网，见图 7－5。

图 7－5 中所示节点均为非 OD 点。算法中采用下列准则进行判断：

对于任意非 OD 节点 i，如果 $\deg ree(i)=|sum(i)|$，则路网不合理，记录 flag 1=1。

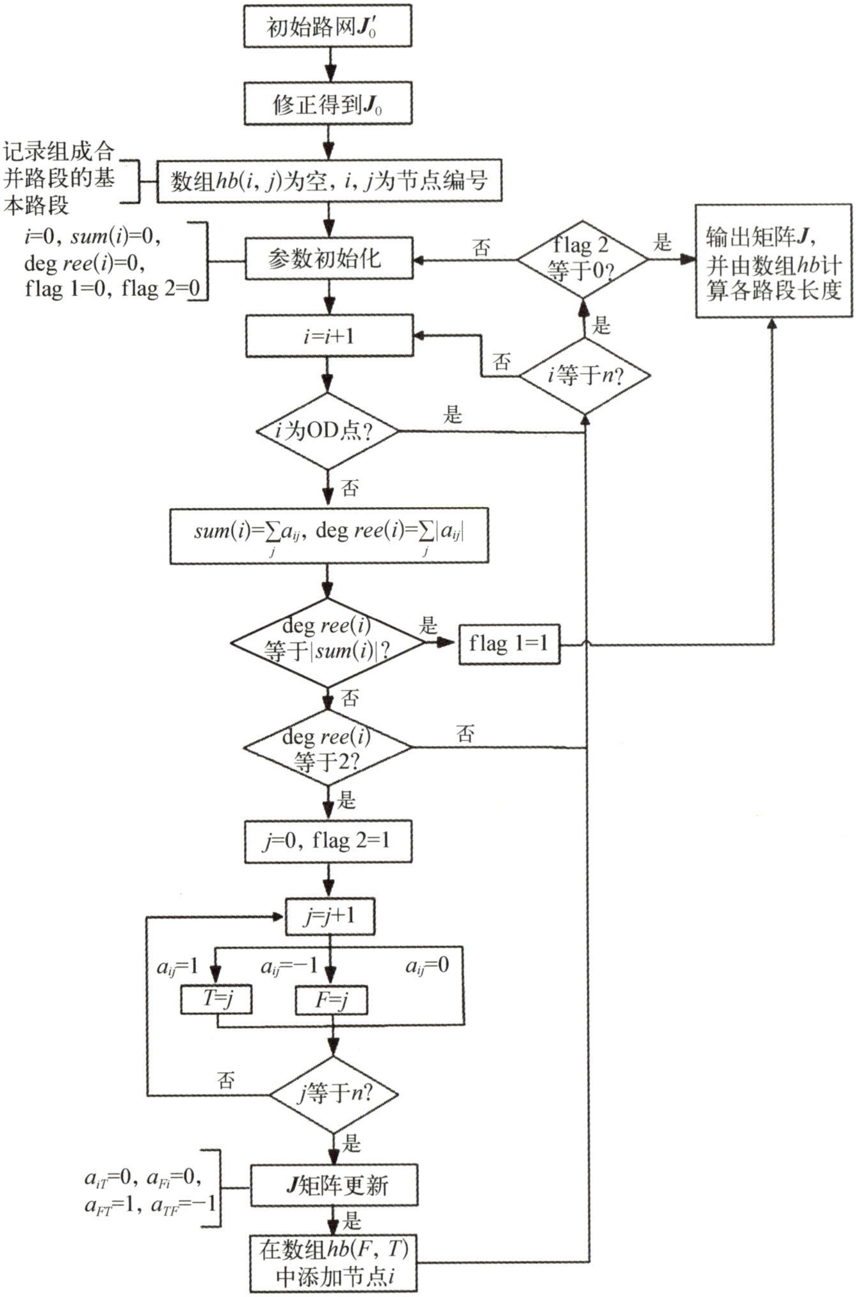

图 7-4　NET(y) 算法设计

图 7－5　非法路网

7.3.3　模型求解

如前所述，离散网络设计问题是一个数学难题。求解这类模型的常用方法可以大致分为数值解法和非数值解法两类。数值解法有 Bender 分解法、分枝定界法和其他启发式算法。Magnanti 和 Wong(1984)概述了离散网络设计问题的一般建模方法，总结了以往的求解算法，并认为针对一些特殊的离散网络设计问题，Lagrange 松弛法或对偶上升法能非常有效地定界[93]。Chen 和 Alfa(1991)用基于 logit 的随机增量配流方法研究了离散网络设计问题，并给出了求解小型和大型网络设计问题的计算经验[96]。Gao 和 Sun(2002)利用广义 Benders 分解法中的支撑函数思想来近似表示双层规划上、下层反应函数，设计了一个全局收敛算法。非数值解法主要包括模拟退火(Simulation Annealing Approach, SA)、遗传算法(Genetic App roach, GA)和神经网络算法(Neural Network App roach)及禁忌搜索技术(Taboo Search Technique)等。非数值优化算法目前在求解此类问题中取得了较好的使用效果(Friesz et al. ,1992、1993; Cree 和 Maher, 1998; 蔡金和高自友,2002 等)[95]。

本书选用非数值解法，给出了求解模型的模拟退火遗传算法(SAGA)。

1. 模拟退火遗传算法简介[97]

由于遗传算法在运行早期个体差异较大，当采用经典轮盘赌方式选择时，后代产生个体数与父个体适应度大小成正比，因此，在早期容易使个别好的个体的后代充斥整个种群，造成早熟(premature)；在遗传算法后期，适应度趋向一致，优秀的个体在产生后代时优势不明显，从而使整个种群进化停滞不前。因此，引入模拟退火算法对适应度进行适当的拉伸是必要的。这样，在高温时（遗传算法前期），适应度相近的个体产生的后代概率相近；而当温度不断下降后，拉伸作用加强，使得适应度相近的个体适应度差异放大，从而可使得优秀的个体优势更明显。

SAGA 是由 Paul L. Stoffa 借鉴模拟退火思想首先提出的，该算法采用式(7－18)所示的适应度拉伸方法：

$$f_i = \frac{e^{f_i/T}}{\sum_{i=1}^{M} e^{f_i/T}} \qquad (7-18)$$

$$T = T_0(0.99^{g-1})$$

式中　f_i——第 i 个个体的适应度；

M——种群大小；

g——遗传代数；

T——温度；

T_0——初始温度。

2. 变量编码

采用传统的 0—1 编码。如前面定义，设有 m 个备选路段，则染色体长度为 m，每一个基因位代表一个路段的选择方案，如基因值为“1”，则代表该基因所代表路段被选择，为“0”则不被选择。因此，每一个染色体即为长度为 m 的由“0”“ 1”组成的二进制串变量。

3. 适应度函数

由于模型式(7－17)中目标函数为求最小值，故这里采用“界限构造法”进行适应度的尺度变换，同时引入式(7－18)所示形式的适应度拉伸方法，取 C_{max} 为目标函数 $O(\boldsymbol{y})$ 的最大值估计，则适应度函数可以表示为式(7－19)所示形式。

$$f(i)=\begin{cases}C_{\max}-O(i) & O(i)<C_{\max}\\ 0 & \text{其他}\end{cases}$$

$$f_A(i)=\frac{e^{f(i)/T}}{\sum_{i=1}^{M}e^{f(i)/T}} \tag{7-19}$$

$$T=T_0(0.99^{g-1})$$

式中　$O(i)$——第 i 个个体的目标函数值；

$f(i)$——第 i 个个体经过尺度变换后的适应度；

$f_A(i)$——经过模拟退火法拉伸的适应度函数；

其他变量意义同前。

由于目标函数 $O(\boldsymbol{y})$ 的最大值与最小值一样难以估计，而显然改造后路网的目标函数值应当小于初始路网，改造工作才有意义，故这里建议取初始路网目标函数值作为 $C_{\max}$ 的取值。T_0 的取值应当使算法尽可能快地收敛，可通过试算获得，这里没有深入研究，暂取为 $C_{\max}/N$，N 为正整数。

4. 算子设计

为实现遗传算法和减少不法个体的产生，这里共设计采用 3 类遗传算子：选择算子、交叉算子和变异算子。选择算子采用传统的“轮盘赌选择法”；交叉算子采用“二进制单点交叉法”；变异算子亦选用传统的“基本位变异法”，算子设计简单，这里略去具体方法。值得说明的是，经过选择和交叉可能会产生非法路网。这里的非法路网是指满足下列条件之一的路网：

(1) 路网不连通；

(2) 非 OD 节点出现图 7－5 所示情况。

对于上述非法路网，这里建议采用变异算子进行处理，即如经检验某一染色体对应路网非法，则应对其进行强制变异，直至其变为合法路网为止。

5. 模型资金约束的处理

如某一染色体对应的投资方案违反资金约束，则无须对该路网进行配流，可令 $O(i)=C_{max}$ 进行计算。

6. 算法步骤

步骤 1：根据实际情况，确定备选路段集合，确定染色体长度 L；

步骤 2：算法参数初始化：初始进化代数 $k=0$，$j=0$，计算初始路网的目标函数值，作为 C_{max} 取值，T_0、交叉、变异概率、种群大小 M、最大进化代数 G_{max} 等参数赋值，并随机生成初始化种群；

步骤 3：$j=j+1$，按第 k 代种群中的第 j 个染色体，如图 7-4 所示流程计算路网生成算子；

步骤 4：检查生成路网的合法性，给出路段基本属性：

如路网不连通或路网生成算子计算结果中 flag 1=1，则判定路网为非法路网，需进行强制变异，变异后令 $j=j-1$，转步骤 3；

如为合法路网，根据生成路网各路段的基本属性，计算得到其路阻函数有关参数；

步骤 5：检查资金约束，如违反该约束，则令 $O_k(j)=C_{max}$，转 step7，否则执行步骤 6；

步骤 6：转入下层规划进行配流，根据配流结果计算 $O_k(j)$；

步骤 7：根据式(7-19)计算适应度函数值 $f_{Ak}(j)$；

步骤 8：如 $j<M$，则转 步骤 3，如 $j=M$，则

如 $k<G_{max}$，则对第 k 代种群执行轮盘赌选择操作，依概率进行交叉、变异操作，得到下一代种群，并令 $k=k+1$，$j=0$，转步骤 3；

如 $k=G_{max}$，则计算结束，输出结果。

7.3.4 算例

本节以图 7-6 所示路网设计问题为例进行说明。

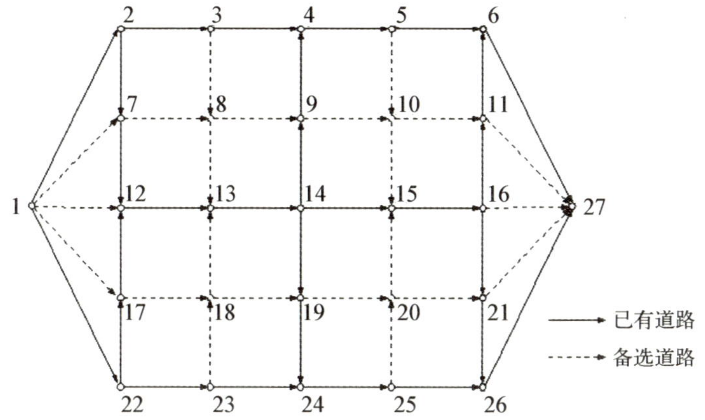

图 7-6　路网优化算例

图中实线为已有道路，虚线为备选道路。

1. 道路基本条件设置

各路段的基本条件设置如下：

(1) 除 1-2、1-22、6-27 和 26-27 四个路段长度为 500 m 外，其余路段长均设为 300 m；

(2) 路段在交叉口的绿信比取为 0.5，周期长为 150 s；

(3) 各路段均为单向 2 车道；

(4) 前述 $V_{f1\,000}$ 均为 60 km/h。

2. 交通需求设置

简单设置从 1 到 27 的小时交通需求为 7 000 veh/h。

3. 计算参数设置与模型优化结果

采用前述模型进行计算，假设道路资金投入为 1 万元/米，资金上限为 $S=4\,500$ 万元。种群大小 $M=20$，$C_{max}=2.6\times10^5$，$T_0=C_{max}/6$，$G_{max}=900$，交叉概率为 80%，变异概率为 0.3%。

其目标函数随遗传进化代数的变化见图 7-7。

可见，目标函数在第 700 代附近趋于稳定，算法给出的最优路网如图 7-8 所示。

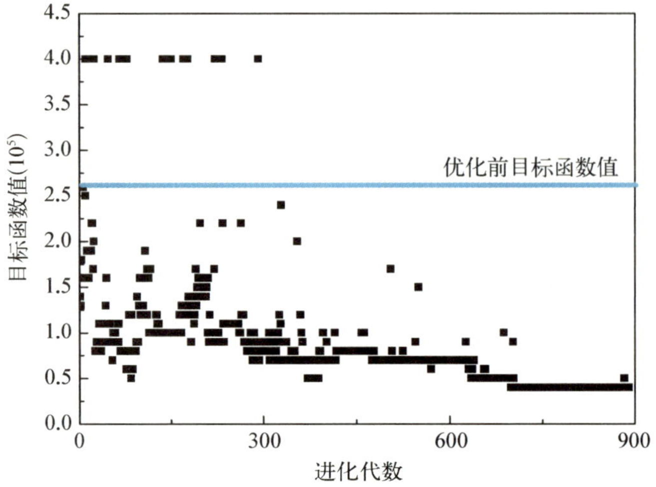

图 7－7　目标函数进化过程

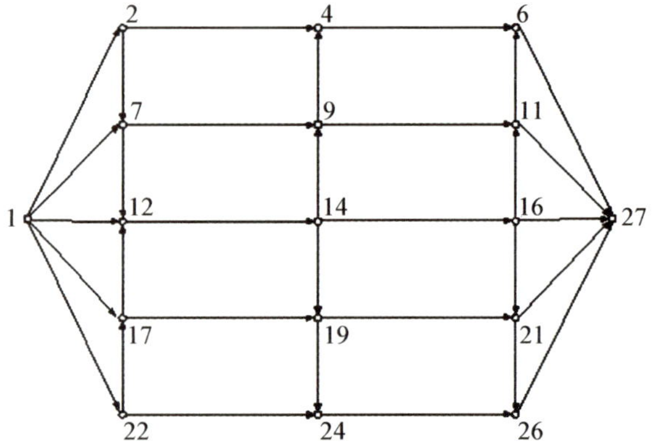

图 7－8　路网优化结果

优化路网的总行程时间(即目标函数值)降低至原路网的约 1/6 左右。

7.4 本章小结

本章在对已有离散路网设计问题进行简单综述的基础上,引入了对交叉口间距影响的考虑，研究结果如下：

（1）对 Braess 诡异的研究表明，在考虑了交叉口间距影响后，诡异出现的可能性大大提高了；

（2）对已有的预算约束的 DNDP 模型进行了改进，提出路网生成算子以考虑交叉口间距的影响，并给出了路网生成算子的算法程序；

（3）提出了求解 DNDP 的退火遗传算法，给出了算法步骤，最后给出算例。

第8章 结论与展望

8.1 结　　论

本书首先对已有城市道路服务水平评价指标方法进行了综述和分析，归纳总结了目前研究中存在的问题。从通行能力研究出发，提出了面向“线”层面的“等效通行能力”概念，以此作为从单个设施到道路网系统评价的过渡。基于这一概念和已有研究中存在的问题，重新诠释了服务水平的概念，并较为系统地提出了其评价指标和评价方法。而后，重点对“线”层面的“等效通行能力”和“等效自由流车速”两个指标进行了影响因素分析。最后，将“交叉口间距”这一影响因素引入路网层面进行考虑，初步探讨了局部路网的合理交叉口间距问题以及考虑交叉口间距的离散路网设计问题。研究主要得出以下结论：

1. 关于通行能力

(1) 采用道路上某一断面的通行能力作为整条道路通行能力的思想方法不适用于城市道路通行能力研究。

(2) 研究提出了等效通行能力的概念。与传统概念不同，它不再突出道路上某一断面的通行能力，而是代之以等效道路均匀断面的通行能力，瓶颈断面以及道路上存在的各种干扰均可在行程车速中得以反映，进而反映在等效通行能力中。

(3) 等效通行能力模型中的流量、密度、速度三个变量的物理意义可采用交通流流量、密度、速度变量的一般定义来解释。

(4) 初步调查的结果表明，等效通行能力的调查道路长度至少应大于 800 m，最好大于 1 200 m。对于调查数据可选用 15 min 作为分析期，采用线性的密度-速度关系模型进行分析。

2. 关于等效通行能力的影响因素分析

(1) 给出了等效通行能力影响因素分析的方法程序——分析-标定法。建议采用理论分析与现场调查数据标定相结合的方法进行道路等效通行能力和等效自由流车速的影响因素分析。

(2) 建立了影响因素理论分析模型，作为分析的理论基础。首先建立了用于等效通行能力和等效自由流车速影响因素分析的理想模型。而后，对理想模型中的参数取值进行了调查标定和合理假设，并采用交通流的流体动力学模拟理论对变量的取值范围进行了分析。其中，对路段自由流车速的初步调查表明，交叉口间距对其有显著影响，当交叉口间距在 50～1 000 m范围内变化时，随间距的增加，路段自由流车速增加，变化幅度约为 30 km/h。而当交叉口间距大于 1 000 m 时，其对路段自由流车速的影响很小。基于参数和变量分析结果，对理想模型进行了改进，得到了影响因素理论分析模型，并给出了求解方法。

(3) 基于影响因素的理论分析模型，采用分析-标定法对影响等效通行能力和等效自由流车速的七个影响因素进行了分析。其中六个为理论分析模型中的六个参数，对其影响采用理论分析法，基于设定的标准条件，回归得到各因素的修正项公式，并进一步研究了其中主要影响因素间的交互作用，给出了修正值诺模图。另一个为“非机动车”影响因素，采用理论分析和现场调查相结合的方法进行分析。

(4) 在理论分析的六个因素中交叉口间距和信号灯绿信比对等效通行能力的影响最大，在分析的参数变化范围内影响幅度可达 1 000 veh/h；信号灯周期长和信号灯协调控制修正系数的影响次之，约为 100 veh/h；上游交叉口影响和信号灯控制类型影响最小，而后者影响又小于前者。

(5) 当交叉口间距大于 1 000 m 时，信号灯绿信比与交叉口间距对等效通行能力的影响相互独立；而当交叉口间距小于 1 000 m 时，二者存在交互作用，且信号灯绿信比越大，交叉口间距的影响越大。即对于绿信比较大的城市路网，通常也是等级较高的城市路网，在进行路网设计或扩容时，应更多地关注交叉口间距这一指标，交叉口间距不易太小，以免造成“扩建不扩容”的现象。

(6) 交叉口间距和信号灯周期长对等效通行能力的影响相互独立，不存在交互作用。

(7) 信号灯绿信比和周期长对等效通行能力的影响存在交互作用，且随绿信比的增大，周期长的影响增大。

(8) 等效自由流车速随交叉口间距和信号灯绿信比的增加而增大，随交叉口协调控制系数和信号灯周期长的增大而减小，各因素的影响程度顺序为：交叉口间距影响最大，当交叉口间距 $L \in [50, 2\,000]$ 时，影响幅度达设定标准条件下道路等效自由流车速的 1.6 倍左右，交叉口协调控制系数次之，当交叉口协调控制系数 $PF \in [0,\ 2.6]$ 时约为设定标准条件下道路等效自由流车速的 0.9 倍，信号灯绿信比和周期长的影响进一步减小，绿信比 $g/C \in [0.2,\ 0.7]$ 和周期长 $C \in [90,\ 240]$ 时分别为 0.7 和 0.4 倍，上游交叉口影响和信号灯控制类型的影响更小，其对等效自由流车速的影响可以忽略。

(9) 在标准条件下，将划线机非分隔改为物理分隔，可将其单车道等效通行能力提高 15 veh/h，等效自由流车速提高约 7%；而改成非机动车禁行则可将其单车道等效通行能力提高约 100 veh/h，等效自由流车速提高约14%。

3. 关于服务水平

(1) 目前关于服务水平的研究存在系统层面研究薄弱、面向单独设施的评价指标和阈值多样、类型混杂，缺乏相容性等问题，解决这些问题可从“服务水平”的定义入手。

(2) 新的服务水平概念从城市路网服务水平评价的目的出发，分为设施供给水平和运行水平两个方面。

(3) 新的服务水平评价指标体系从人的感知机理和管理人员的决策过程出发，对于设施供给水平评价采用绝对指标，对于运行水平评价采用相对指标。评价指标分为设施供给水平和运行水平两个方面，交叉口、道路和路网三个层次。对于运行水平评价的相对指标可最后统一为运行水平评分。

(4) 针对路网运行水平评价提出的实用性指标与理论指标具有较好的一致性，可与路网设施供给水平评价实用性指标一起在无需OD的情况下给出对设施服务水平的合理评价。

4. 关于路网设计中的交叉口间距问题

(1) 对于局部路网，从路网理想容量的改善效果角度，对“新建道路”和“现有干线道路交叉口改造立交”两类路网扩容措施中的合理交叉口间距问题进行了分析。针对“新建道路”这一措施，给出了主线道路交叉口间距和相交道路交叉口间距组合的合理性判断方法；针对后一类措施，分“全立交”和“简易立交”两种改造方式分别给出了改造后干线道路交叉口合理间距的计算方法。研究表明，当相交道路交叉口间距较大时，采用“全立交”改造方式更为合适。

(2) 在离散路网设计问题中应当考虑交叉口间距的影响。

(3) 对Braess诡异的研究表明，在考虑了交叉口间距影响后，诡异出现的可能性大大提高了。

(4) 对已有的预算约束的 DNDP 模型进行了改进，提出路网生成算子以考虑交叉口间距的影响，并给出了路网生成算子的算法程序；

(5) 提出了求解考虑交叉口间距影响的 DNDP 改进模型的退火遗传算法，给出了算法步骤。

8.2 研究展望

本书是对城市路网服务水平评价研究的一次尝试。由于时间和笔者能力有限，其中尚存许多有待完善之处：

(1) 等效通行能力的密度-速度关系目前采用线性模型，虽调查表明其可以接受，但未必最优。可在后续研究中进行大量的调查，以建立更为合理的密度-速度关系模型；

(2) 面向交叉口和路网的运行水平评分分级标准还应当通过大量的调查研究给出；

(3) 由于时间关系，对路段自由流车速随交叉口间距变化的调查仅针对一种道路条件进行，可进一步扩大样本量，对本书给出的路段自由流车速和交叉口间距的关系进行修正；

(4) 除本书分析的影响因素外，车道宽度、中央分隔形式、道路两侧开发强度等因素也很重要，应当通过大量的调查进一步剥离这些因素对等效通行能力和等效自由流车速的影响；

(5) 为了进一步提高本书所讨论的合理交叉口间距的实用性，可在今后的工作中，通过大量的调查与计算，给出不同道路等级合理交叉口间距的推荐值；

(6) 本书提出的服务水平概念和评价指标体系有待于在实际应用中进一步完善；

(7) 本书给出的离散路网设计模型中的路网生成算子仅面向单向路网，对于双向路网还有待于进一步改进；

(8) 对于路网层面仅考虑了交叉口间距因素，如何考虑其他因素有待于进一步研究。

参考文献

[1] David Schrank, Tim Lomax. The 2005 Urban Mobility Report [R]. Texas Transportation Institute & The Texas A&M University System, May 2005: 1-4.

[2] 苏永元. 基于 GIS 的路网交通仿真分析方法研究[D]. 同济大学,2001.

[3] 上海市政工程管理处,同济大学. 上海城市道路交通信息管理及评价分析系统总体技术方案[Z]. 2005.

[4] 美国交通研究委员会. 道路通行能力手册[M]. 任福田译. 北京: 中国建筑工业出版社,1999.

[5] Gerlough D L and Huber M J. Traffic Flow Theory: A Monograph, Special Report 165 [R], Transportation Research Board. 1975.

[6] 王华荣. 城市快速路系统服务水平评价方法研究[D]. 哈尔滨工业大学,2004.

[7] Highway Capacity Manual, Bureau of Public Roads, Washington DC,1950.

[8] Highway Research Board Bulletin 167, Transportation Research Board, Washington DC, 1957.

[9] Highway Capacity Manual [R], Special Report 87, Transportation Research Board, Washington DC, 1965.

[10] Interim Materials on Highway Capacity, Transportation Research Circular 212, Transportation Research Board, Washington DC, 1980.

[11] Highway Capacity Manual [R], Special Report 209, Transportation Research Board, Washington DC, 1994.

[12] Highway Capacity Manual [R], Special Report 209, Transportation Research Board, Washington DC, 1997.

[13] Wayne K. Kittelson, Roger P. Roess, "Highway Capacity Analysis After the HCM 2000", Transportation Research Record 2808, Transportation Research Board, Washington DC, 2001.

[14] Highway Capacity Manual [R], Special Report 209, Transportation Research Board, Washington DC, 2000.

[15] Richard G. Dowling, "Extension of the Level of Service Concept to Transportation Systems", Transportation Research Record 0021, Transportation Research Board, Washington DC, 1998.

[16] 许玮珑. 城市干道与信号交叉口服务水平的模糊综合评价研究[D]. 长安大学,2001.

[17] 周伟,王秉纲. 服务水平与服务交通量的确定原理与方法研究[J]. 中国公路学报,2001. 4: 90 - 95.

[18] 朱顺应,王红,王毅. 市区路网服务水平评价[J]. 重庆交通学院学报,1998, 17(4): 77 - 80.

[19] 王生,青山. 城市道路服务水平评价方法探讨[J]. 华东公路,1997,5: 11 - 14.

[20] 城市道路交通规划设计规范[S]. 中华人民共和国国家标准 GB50220 - 95.

[21] 暨育雄. 城市路网交通评价分析方法研究[D]. 同济大学,2003. 12.

[22] Herbert S, Levinson and Timothy J. Lomax. Developing a Travel Time Congestion Index [J]. Transportation Research Record 1564, 1 - 10.

[23] Gartner N H, Messer C J and Rathi A K. Monograph on Traffic Flow Theory [R]. TRB Special Report, Transportation Research Board, Washington DC, 1995.

[24] Beimborn E A. A Grid Travel Time Model [J]. Transportation Science, 1970,4 (2): 123 - 137.

[25] Vaughan R, Ioannou A and Phylactou R. Traffic Characteristics as a Function of the Distance to the Town Centre [J]. Traffic Engineering and Control, 1972, 14(5).

[26] Zahavi Y. Traffic Performance Evaluation of Road Networks by the — Relationship [J]. Traffic Engineering and Control, 1972, 14(5): 228 - 231.

[27] Zahavi Y. Traffic Performance Evaluation of Road Networks by the — Relationship [J]. Traffic Engineering and Control, 1972, 14(6): 292 - 293.

[28] Buckley D G and Wardrop J G. Some General Properties of a Traffic Network [J]. Australian Road Research, 1980, 10(1): 21 - 23.

[29] Ardekani S A and Herman R. Urban Network — Wide Variables and Their Relations [J]. Transportation Science. 1987, 21(1): 1 - 16.

[30] Herman R and Prigogine I. A Two-Fluid Approach to Town Traffic [J]. Science, 1979(1), 148 - 151.

[31] Ardekani S A. The Two-Fluid Characterization of Urban Traffic: Theory, Observation, and Experiment [D]. University of Texas at Austin.

[32] Branston D M. Urban Traffic Speeds — I: A Comparison of Proposed Expressions Relating Journey Speed to Distance from a Town Center [J]. Transportation Science, 1974, 8(1): 35 - 49.

[33] Hutchinson T P. Urban Traffic Speeds — II: Relation of the Parameters of Two Simpler Models to Size of the City and Time of Day [J]. Transportation Science, 1974, 8(1): 50 - 57.

[34] Meyer, Michael. Alternative Methods for Measuring Congestion Levels [R]. In Curbing Gridlock. Peak — Period Fees to Relieve Congestion. Transportation Research Board.

[35] Byrne G E and Mulhall S M. Congestion Management Data Requirements and Comparisons. Transportation Research Record, 1980, 1499, 28 - 36.

[36] SANDAG. 1988. Freeway Peak Hour Congestion. San Diego, CA, SANDAG—Info, No. 8.

[37] Lindley, Jeffrey. Urban Freeway Congestion: Quantification of the Problem and Effectiveness of Potential Solutions [J]. ITE Journal, 1987,57(1): 27 - 32.

[38] Schrank D, Turner S and Lomax T. 1990. Estimates of Urban Roadway Congestion in Major Urban Areas, 1982 - 1987. Research Report 1131 - 1132. Texas Transportation Institute. College Station, Texas, October.

[39] Schrank D and Lomax T. 1997. Urban Roadway Congestion, 1982 - 1994, Volume 1&2. Research Report 1131 - 1139. Texas Transportation Institute. College Station, Texas.

[40] Gordon P, Richardson H W and Liao H W Y. 1997. A Note on the Travel Speeds Debate [J]. Transportation Research A, 1997,31(3): 259 - 262.

[41] Marlon G. Boarnet, Eugene Jae Kim, et al. Measuring Traffic Congestion. Transportation Research Board, Washington DC, 1998.

[42] Marlon G, Boarnet, Eugene Jae Kim, et al. Measuring Traffic Congestion. Transportation Research Board, Washington DC, 1998.

[43] Public Satisfaction with Travel to Work [R]. Information Report No. 49. National Capital Transportation Planning Board, 1972.

[44] Pratt R H, Lomax T J, "Performance Measures for Multi-Modal Transportation Systems", Transportation Research Record 1518, Transportation Research Board, Washington DC, 1996.

[45] Lomax T, Turner S, Shunk G, et al. Quantifying Congestion, NCHRP 7 - 13, Transportation Research Board, Washington DC, 1997.

[46] URS Consultants, Recommendation for Measures, Measuring Transportation Performance. Florida Department of Transportation, Tallahassee, FL, December 10, 1996.

[47] 梁颖. 大城市道路交通系统运营状态评价[D]. 北京工业大学,2002.

[48] 严宝杰. 城市交通系统理论分析与应用[D]. 长安大学,2003.

[49] 高世廉,晏启鹏,李鹤龄. 城市出入口道路服务水平划分的研究[J]. 西南交通大学学报, 1995,30(5): 480 - 484.

[50] 晏克非，苏永云，张国强. 局域网交通分析与服务水平估算集成仿真方法[J]. 中国公路学报，2001，14(S1)：68-72.

[51] 覃煜，晏克非，赵童. 铁路客运与市内公交衔接协调性的评价分析[J]. 武汉交通科技大学学报，2000，24(2)：207-211.

[52] 刘清. 城市道路交通状况的 F-评价及其实例研究[J]. 武汉理工大学学报(交通科学与工程版)，2000，24(5)：473-475.

[53] 尹峰，李枫. 公共交通服务水平的模糊评价[J]. 上海交通大学学报，2000(S1)：100-104.

[54] 杨涛，徐昶. 城市交通网络总体建设水平评价应用研究[J]. 中国市政工程，1995(03)：1-6.

[55] 朱顺应，王红，王毅. 市区路网服务水平评价[J]. 重庆交通学院学报，1998，17(4)：77-80.

[56] 杨涛. 城市交通网络总体性能评价与建模[D]. 东南大学，1995.

[57] 张树升，周伟. 公路网的道路与交通特性分析. 华东公路，1992(06)：6-11.

[58] 高晗，裴玉龙. 道路服务水平的灰色评价方法[J]. 哈尔滨建筑大学学报，1999(5)：106-108.

[59] 赵童，徐慰慈. 城市土地开发产生的交通影响程度的模糊评价方法[J]. 哈尔滨建筑大学学报，2000 (01)：55-74.

[60] 陈小鸿，林航飞. 城市交通控制与诱导系统性能评价指标研究. 华东公路，2000，17(5)：42-45.

[61] 刘景星，史家颖. 沈大高速公路服务水平分析[J]. 哈尔滨建筑大学学报，1994(06)：103-112.

[62] 李峰. 我国城市道路自行车通行能力及服务水平的研究[J]. 中国市政工程，1995(4)：11-14.

[63] May A D. Traffic Flow Fundamentals. Prentice-Hall, Inc.. Englewood Cliffs, N. J.. 1991.

[64] Edie L C. Car-following and steady-state theory for noncongested traffic [R]. Oper. Research. 1961，9 (1)：66-76.

[65] Dick A C. Speed/flow relationships within an urban area. Traffic Engineering. Control，1966，8 (6)：393 - 396.

[66] Underwood R T. Speed，volume and density relationships. In Quality and Theory of Traffic Flow. Bureau of Highway Traffic，Yale University，New Haven，Conn，1961：141 - 187.

[67] Gazis D C，Herman R and Potts R B. Car-following theory of steady-state traffic flow. Operations Research，1959，7 (4)：499 - 505.

[68] May A D，Jr and Keller H E M. Non-integer car—following models. Highway Research Record. 1967，199(3)：19 - 32.

[69] 张建嵩，孙立军. 城市道路交叉口通行能力的简易测定方法[J]. 上海公路，2003 (S1)：220 - 223.

[70] 郭冠英. 交通工程[M]. 上海：同济大学出版社，1994.

[71] 涂辉招. 城市道路评价模型及其在 ERP 中的应用[D]. 同济大学，2003.

[72] 高旺生. 交叉口密度对等效通行能力的影响研究[D]. 同济大学，2005.

[73] Carlos F. Daganzo，Fundamentals of transportation and traffic operations [M]. New York：Pergamon Press，1997.

[74] Francois Dion，Hesham Rakha，Youn-Soo Kang. Comparison of delay estimates at under-saturated and over-saturated pre-timed signalized intersections. Transportation Research Part B Methodological，2004，38(2)：99 - 122.

[75] Hai Yang，Michael G. H. Bell，Qiang Meng. Modeling the capacity and level of service of urban transportation networks. Transportation Research Part B 2000，34：255 - 275.

[76] Fan Bingquan，Zhang Yanping，Xu Xuelei. An application of EMME/2 in estimation of urban road network traffic capacity [J]. University of Shanghai for Science and Technology 1999，21(3).

[77] 陈春妹. 路网容量研究[D]. 北京工业大学，2000.

[78] 黄海军. 城市交通网络平衡分析理论与实践[M]. 北京：人民交通出版社，1994.

[79] Beckmann M J. A continuous model of transportation. Econometrica 20. 1952，

643 - 666.

[80] 钱讼迪,等. 运筹学[M]. 清华大学出版社,1990.

[81] Anthhony Chen, Hai Yang, Hong K. Lo, et al. Capacity reliability of a road network: an assessment methodology and numerical results. Transportation Research Part B 2002,36: 225 - 252.

[82] Hong K. Lo, Yeou-Koung Tung. Network with degradable links: capacity analysis and design [J]. Transportation Research Part B 2003,37: 345 - 363.

[83] Yosef Sheffi, Urhan Transportation Networks: Equilibrium Analysis with Mathematical Programming Methods. Prentice-Hall, INC, Englewood Cliffs, New Jersey07632, 1984.

[84] 上海世博会城市路网适应性研究. 上海市政工程管理处,同济大学,2003.

[85] 孙立军,等. 沥青路面结构行为理论[M]. 北京: 人民交通出版社,2005.

[86] 潘承毅,何迎辉,等. 数理统计的原理与方法[M]. 上海: 同济大学出版社,1992.

[87] Yang H, Bell M G H. Models and Algorithms for Road Network Design: A Review and Some New Developments [J]. Transport Review, 1998,18 (3): 257 - 278.

[88] Friesz T L. Transportation Network Equilibrium, Design and Aggregation: Key Developments and Research Opportunities [J]. Transportation Research, 19A (5/6): 413 - 427.

[89] 蔡金,高自友. 求解城市交通连续平衡网络设计问题的混合算法[J]. 北方交通大学学报. 2002,26(2): 71 - 76.

[90] 刘灿齐. 交通网络设计问题的模型与算法的研究. 公路交通科技. 2003,20(2): 57 - 62.

[91] 高自友,宋一凡,四兵锋. 城市交通连续平衡网络设计——理论与方法[M]. 中国铁道出版社,2000. 1.

[92] 周和平. 城市群一体化交通网络设计理论与方法研究[D]. 同济大学,上海,2005.

[93] Pas E I and Principio S L. Braess' paradox: some new insights. Transpn Res. -

B. 1997,31(3)：265－276.

[94] Penchina C M. Braess paradox：maximum penalty in a minimal critical network [J]. Transportation Research Part A Policy & Practice，1997,31(5)：379－388.

[95] 高自友，张好智，孙会君. 城市交通网络设计问题中双层规划模型、方法及应用[J]. 交通运输系统工程与信息. 2004,4(1)：35－44.

[96] Chen M Y，Alfa A S. A Network design algorithm using astochastic incremental traffic assignment approach [J]. Transportation Science，1991,25(3)：215－224.

[97] 王小平，曹立明. 遗传算法——理论、应用与软件实现[M]. 西安：西安交通大学出版社，2002.

后 记

本书是根据笔者的博士论文撰写而成。笔者的研究课题是在孙立军老师的悉心指导下完成的。整整五个寒暑，得以时时聆听老师的教诲，学生深感此生之幸运。五年前，老师为学生打开了交通运输工程研究领域的大门。其后的前行过程中，困惑时有老师的教导，迷茫时有老师的指点，遭到挫折时有老师的鼓励，取得进步时有老师的赞许。是老师的指导与关怀、耐心与宽容让学生一直前行至今。毕业之际，谨向老师致以我最真诚的感谢。老师的教诲，学生将铭记于心。

论文研究过程中，得到了张红军老师、陈建阳老师、张小宁老师、杨超老师的指点与帮助，在此深表谢意！感谢方守恩老师、陈小鸿老师、李立寒老师以及我同济求学过程中所有的任课老师，谢谢你们对我学业上的帮助！感谢全月星老师、周仲华老师、张惠康老师、陈崇驹老师、袁桂兰老师、李雅茹老师对我的关心与照顾！感谢二十年漫漫求学路上我的所有老师，师恩我将永不忘怀！

感谢刘黎萍师姐、张宏超师兄、杜豫川师兄、陈长师兄和黄卫东老师对我论文上的指点与生活上的帮助！感谢马京涛师兄长期以来的关心与鼓励！

论文的完成凝聚了课题组兄弟姐妹们的辛劳与汗水：感谢周晓青博士

和蔡晓禹博士，深夜测量车速多亏有你们帮忙，正是这两次测量给了我完成论文的信心；感谢郝媛、耿媛婧、白旭、蔡晓禹、曹丽萍、陈城、崔鹏、董茂强、董文龙、胡晓、姬杨蓓蓓、贾璐、江涛、陆克丽霞、鲁正兰、茹红蕾、苏凯、王国英、杨斐、袁峻、张翛、周晓青等师弟(妹)们，是你们烈日与寒风中的多次调查为我提供了论文中的第一手数据；感谢杨虹小姐在工作与生活中给予我的诸多帮助。感谢课题组的每一个成员！

感谢昔日 210 的“室友”们，那段时光我会永远珍藏！感谢曹丽萍、袁峻和王国英一直的支持与帮助，在同济的最后两年里有你们相伴真好！感谢我的同学与朋友们：周俊红、方伽俐、黄天、张涛、廖苑伶、汤艳秋、张勇平、盛至前、马文涛……你们的关心让我感动！愿我们的友谊长存！

感谢生我养我的父母，所有的烦恼都向你们倾诉，所有的快乐都与你们分享，你们的希冀与鼓励就是女儿前进中最大的动力。感谢我的哥哥，我儿时至今前行的榜样，一直的呵护与支持让我们共同走过在同济的三个寒暑。

感谢同济给了我近九年的美好记忆！

邵敏华